Célestin Bouglé

Proudhon

essai

Le code de la propriété intellectuelle du 1er juillet 1992 interdit en effet expressément la photocopie à usage collectif sans autorisation des ayants droit. Or, cette pratique s'est généralisée dans les établissements d'enseignement supérieur, provoquant une baisse brutale des achats de livres et de revues, au point que la possibilité même pour les auteurs de créer des oeuvres nouvelles et de les faire éditer correctement est aujourd'hui menacée. En application de la loi du 11 mars 1957, il est interdit de reproduire intégralement ou partiellement le présent ouvrage, sur quelque support que ce soir, sans autorisation de l'Editeur ou du Centre Français d'Exploitation du Droit de Copie , 20, rue Grands Augustins, 75006 Paris.

ISBN : 978-1514212592

10 9 8 7 6 5 4 3 2 1

Célestin Bouglé

Proudhon

essai

Table de Matières

INTRODUCTION

L'heure aurait-elle sonné, d'une revanche de Proudhon ? Des champs nouveaux vont-ils s'ouvrir à son influence ?

Un instant on avait pu croire que le peuple des usines, dans son effort pour s'organiser et s'émanciper, demanderait sa direction au plébéien philosophe dont le dernier ouvrage affirmait la Capacité politique des classes ouvrières et dont le premier dénonçait avec violence les méfaits d'une propriété envahissante. Lorsque s'inaugurèrent les congrès ouvriers internationaux, les délégués français parlaient pour la plupart - comme M. J.L. Puech l'a dès longtemps rappelé - le langage proudhonien : ils déclaraient préférer le mutuellisme au collectivisme. La balancé allait pencher, semblait-il, en faveur de Proudhon ! Mais Marx veillait. Celui-là même qu'il avait tant admiré dans sa jeunesse comme le David prolétarien, il l'avait flétri depuis comme l'incarnation de l'esprit petit bourgeois. Il s'acharna à démontrer qu'un « éclectisme » à la Proudhon ne pouvait que paralyser le mouvement ouvrier, lui enlever son aiguillon révolutionnaire, Plus intransigeant, plus fermé, plus carré, le Communisme devint comme le Credo de la religion nouvelle, unissant des millions d'ouvriers d'usines et leur confiant à eux seuls le soin de refaire le monde par leur dictature.

Après 1870, lorsque le socialisme reprend vigueur et se réimplante en France, c'est la tradition marxiste qui l'alimente. Lutte de classes, concentration capitaliste, paupérisme s'aggravant jusqu'à la catastrophe, mainmise des exploités sur l'usine aux lois, pour l'expropriation nécessaire des exploiteurs, c'est par ces thèmes qu'un Jules Guesde, âprement, secoue, galvanise les foules. Et peu de gens, dans le public socialiste, s'avisent qu'ils ne recouvrent peut-être pas exactement toute la réalité.

À vrai dire le socialisme « réformiste », un moment, se souvient de ceux que le Manifeste communiste refoulait dans les limbes de l'utopie : les Saint-Simon, les Fourier, les Pecqueur lui servent à limiter l'ambition dogmatique du marxisme. A leur suite Proudhon profite de ce regain. Jaurès, dans l'ampleur de son système conciliateur, réserve une petite place à l'auteur du principe fédératif. Mais surtout, lorsqu'un syndicalisme ouvrier se constitue, qui

Célestin Bouglé

tient à se distinguer des partis socialistes, ses leaders relisent la Capacité Politique : un Pelloutier, pour mieux défendre l'autonomie des Bourses du travail et de la Confédération générale du Travail, aime à s'appuyer sur Proudhon.

Mais au total, en dépit de ces contre-courants, le vocabulaire marxiste continue de l'emporter, dans les meetings, les discours de congrès, les articles de journaux socialistes, sur le vocabulaire proudhonien. Et l'on peut constater aujourd'hui que malgré les révisions de principes auxquelles les expériences de la guerre ont invité tous les groupements, malgré la scission de Tours, malgré la formation d'un parti communiste proprement dit, le parti socialiste S.F.I.O. ne veut pas se laisser déloger du parvis : il s'attache avec plus d'énergie que jamais au pilier d'airain du marxisme.

La clientèle qu'il ne recrute plus facilement du côté des socialistes enrôlés - sans doute à cause de l'étiquette « petit bourgeois », redoutable entre toutes, que lui a attachée Marx - Proudhon la voit-il venir, depuis la guerre, d'autres points de l'horizon ?

Notons d'abord que le syndicalisme paraît plus que jamais disposé à lui accorder ce que le socialisme lui refuse. On sent, chez ceux qui le dirigent, un désir de tenir compte des expériences, de s'adapter aux formes nouvelles de la réalité économique, qui prépare leur esprit à se demander si après tout Proudhon, le mobile et complexe Proudhon, n'aurait pas eu raison sur plus d'un point contre le simplisme marxiste. En tout cas ils trouvent chez lui un des murs auxquels ils s'adossent : la volonté d'autonomie de la classe ouvrière à l'égard de la politique. Léon Jouhaux conserve ici l'attitude de Pelloutier. Et dans les résolutions des congrès où il fait prévaloir ses vues - au Congrès de Lyon par exemple - il n'est pas malaisé de déceler des traces du style proudhonien.

Il convient d'ajouter qu'à côté des syndicalistes positifs, cherchant dès à présent à rendre possible, par la confrontation des techniciens, des usagers et des ouvriers, une réorganisation de la vie économique, ceux qu'on pourrait appeler les syndicalistes négateurs se réclament aussi de Proudhon : ceux qui comptent avant tout sur la violence ouvrière, surexcitée au besoin par des « mythes » comme celui de la grève générale, pour balayer une civilisation pourrie. L'auteur des Réflexions sur la violence, G. Sorel, trouvait moyen d'utiliser à la fois Bergson et Proudhon. Et depuis la guerre, M. E. Berth a découvert que l'auteur de La Guerre et la Paix est l'un des plus aptes à entretenir au cœur des masses l'héroïsme libérateur, pour peu seulement qu'elles aient la franchise de préférer délibérément la guerre des classes à la guerre des États. Par où il se révélerait que le petit bourgeois dédaigné de Marx serait en réalité un des meilleurs auxiliaires de Lénine ?

Contre cette tentative de rapprochement beaucoup d'autres proudhoniens protestent, et non pas seulement des socialistes, mais des radicaux. En dépit de ses hymnes à la guerre - dont lui-même d'ailleurs prend vite le contrepied – Proudhon a vingt fois déclaré qu'il n'était à aucun degré un « bousculeur ». L'apologie de la violence ouvrière l'eût profondément choqué. Il a pu exhorter la classe ouvrière à poser son moi en s'opposant. Il ne lui reconnaît pas tous les droits. Il ne lui remet pas tous les pouvoirs. Au fond n'est-il pas plus ruraliste qu'ouvriériste ? Ces masses paysannes que le marxisme déprécie, quand il ne va pas jusqu'à les oublier avec tant de hauteur, Proudhon, rural d'origine, ne cesse d'y penser. Il célèbre comme Michelet le mariage du paysan avec la terre. Il en attend toutes sortes de bienfaits. Il considère que le chef-d'œuvre de la politique, c'est une nation de cultivateurs libres, faisant vivre leur famille sur le sol qu'ils fécondent de leur sueur. Libres, c'est-à-dire propriétaires de leurs biens, sans restrictions ni réserves. Proudhon se rend de mieux en mieux compte de la nécessité de maintenir cet absolu. Et c'est ainsi que lui, qui a commencé par une diatribe contre la propriété, il finit par lui entonner un hymne, du moins quand il s'agit de la terre et du cultivateur. Son socialisme, si socialisme il y a, serait donc en fin de compte un socialisme pour les paysans, remarque M. Berthod, et dont les radicaux pourraient s'accommoder, bien plutôt que les marxistes.

Mais quand il revendique si véhémentement pour le paysan le droit d'user de son bien à sa guise, à qui en a-t-il ? Contre qui prend-il des précautions ? Contre l'État, dont les interventions l'inquiètent, dont la puissance envahissante la révolte. Les grands États modernes sont aux yeux de Proudhon autant de monstres tentaculaires. Pour que l'humanité pût enfin s'essayer à la liberté, il faudrait qu'ils fussent d'abord balayés de la surface du globe.

De cette critique ardente, qui porte contre les unitaires aussi bien que contre les autoritaires, vont tirer profit d'abord les adversaires de la centralisation, ceux qui croient qu'en effet le XXe siècle doit ouvrir « l'ère des Fédérations ». Rééditant le Principe fédératif, Charles-Brun montre que Proudhon a mis le doigt sur la plaie profonde dont souffrent les nations modernes, parce qu'elles ont trop cédé aux entreprises de l'État omnipotent. Le fédéralisme pourrait leur rendre le plus signalé service s'il leur apprenait, non pas seulement à laisser une plus grande marge de liberté à leurs provinces, mais à se traiter elles-mêmes comme autant de provinces à la fois solidaires et autonomes. On les verrait alors accepter des liens contractuels qui ne pèseraient à l'indépendance d'aucune d'elles. Sur ces espérances s'est constitué une société de fédéralistes pacifistes qui a pris le nom de Société Proudhon.

Mais de l'antiétatisme de Proudhon, n'y a-t-il pas une autre mouture à tirer ? En luttant contre l'État, Proudhon se trouve amené à harceler de ses coups la démocratie elle-même. N'est-elle pas l'idée de l'État étendue à l'infini ? N'implique-t-elle pas cette croyance qu'à coup de suffrages et en comptant des voix on peut arriver à résoudre les problèmes les plus ardus de l'économie sociale ? Proudhon n'accorde ni que le suffrage soit le meilleur moyen de dégager la raison des peuples, ni que le parlementarisme constitue le plus efficace des contrôles, ni même que la solution de la question sociale implique la solution préalable de la question politique. Toutes les flèches dont il a pu cribler, à ce propos, Louis Blanc et ses émules, les adversaires de la démocratie d'aujourd'hui les ramassent avec allégresse. Pour la vigueur de cette argumentation endiablée ils le déclarent digne de figurer parmi les « maîtres de la contre-révolution ». Et finalement l'on a pu assister à ce spectacle singulier : au sein même du parti qui prend comme devise « Politique d'abord » et comme programme la restauration de l'Autorité, un groupe s'est formé pour se réclamer lui aussi de Proudhon, glorificateur de l'anarchie, qui ne cesse d'opposer, avec une sorte d'acharne ment, la tradition de la Révolution à celle de l'Église.

*
* *

INTRODUCTION

Il serait imprudent d'essayer de départager en quelques mots ces proudhoniens si éloignés les uns des autres. La variété de leurs tendances prouve du moins la richesse de sa pensée. Mais son unité ? C'est une autre affaire. Et l'on devine qu'il est plus difficile, pour Proudhon peut-être plus que pour tout autre auteur, d'accorder toutes les affirmations qu'on peut relever chez lui de-ci de-là. C'est la faute à la méthode « hégélienne » ? Peut-être pour une part. Elle l'incitait à prendre le contre-pied des propositions qu'il venait de démontrer, à faire valoir méthodiquement l'antithèse après la thèse, en attendant des synthèses que lui-même devait, à la fin, déclarer problématiques. Mais il va de soi que ce jeu répond en quelque mesure à son tempérament personnel. Il ne déteste pas d'étonner, voire de scandaliser. Esprit « contrariant » par excellence, il s'amuse quelquefois, dirait-on, à avancer la conclusion directement opposée à celle qu'on aurait normalement attendue de lui. Ajoutez que Proudhon, « sociologue » obstiné malgré son individualisme, se souvient volontiers que la raison collective aime les vérités déroutantes, difficilement accessibles à la logique de la raison personnelle. Et c'en est assez pour comprendre qu'en un sens tout est dans Proudhon : il a de quoi satisfaire, au moins dans une page, au moins à l'un des tournants de sa pensée, les tenants des partis les plus divers.

Tout de même il subsiste quelques idées centrales, pivotales, comme eût dit ce Fourier dont il s'est plus d'une fois inspiré, qui sont caractéristiques de sa pensée profonde, et telles que si on ne les retient pas, on peut bien rencontrer chez lui un détail, une formule qui vous confirment dans votre parti, mais on n'est pas de sa lignée, on ne pense pas dans sa ligne.

Au premier rang de ces leitmotive, il faudrait mettre ce que les commentateurs d'aujourd'hui oublient assez volontiers : à savoir ce système mutuelliste que lui a inspiré sa compétence de comptable. Proudhon est sociologue avant la lettre. Et nous croyons avoir éclairé par là bien des obscurités de son œuvre. Mais d'abord et surtout, Proudhon est comptable. Et son programme d'action pratique se relie étroitement à ses réflexions de teneur de livres. Balancer le Doit et l'Avoir, pour la Société aussi c'est le chemin de la justice. Travail pour travail, service pour service, crédit pour crédit, en appliquant ces maximes on chasserait du monde l'usure et

Célestin Bouglé

son sinistre cortège. C'est pourquoi la grande pensée de Proudhon fut de fonder une Banque du Peuple, qui permettrait de généraliser, en même temps que le crédit gratuit, l'échange égal. Lorsque quatre ouvriers, encore fumants de l'émeute, viennent lui demander sa solution, c'est celle-là qu'il élabore. Et parce qu'il l'a élaborée, il est farouchement sévère pour toutes les autres. Il y a en Proudhon de l'inventeur : un inventeur exaspéré, frémissant, rugissant, parce qu'on n'applique pas, parce qu'on ne prend pas au sérieux son système d'échange. Et l'on ne comprend rien à son attitude si l'on ne se rappelle pas qu'il a toujours ce système en tête.

Est-ce à dire que si l'on tient ce système pour inapplicable, si l'on ne croit décidément pas aux vertus régénératrices de l'échange égal et du crédit gratuit, on ne puisse plus rien trouver de substantiel, rien d'assimilable dans la pensée de Proudhon ? Loin de là. Car si la justice, pour se réaliser, exige un certain mécanisme du crédit et de l'échange, il va de soi qu'il faut d'abord que les hommes veuillent la justice. Derrière le Proudhon comptable, le Proudhon moraliste ressurgit. Et moraliste avec quelle véhémence l'est-il ; déployant largement, faisant claquer son drapeau ! C'est peut-être là ce qui le distingue le plus nettement d'un Marx, obstiné à ne pas parler le langage de l'idéalisme justicier, tant il met de foi dans le déterminisme scientifique. Proudhon, lui, ne croit pas seulement à la force des choses. Il en appelle à l'énergie des âmes. Et il part en guerre contre toutes les puissances qui endorment Prométhée, qui l'empêchent de se dégarrotter, pour que le règne de l'égalité arrive.

Au premier rang de ces puissances, l'Église catholique. Et derrière l'Église, la religion elle-même. Toute religion tend logiquement à consacrer l'autorité, à justifier la misère, à ajourner ou à détourner l'espérance, à déprécier le travail, à énerver la justice. Sur tous ces thèmes, Proudhon est inépuisable. Il mène son réquisitoire en six volumes, avec un mélange de virulence et de truculence qu'aucun polémiste anticlérical n'a dépassé jamais. La tradition des philosophes du XVIIIe siècle reparaît ici, à la fois aggravée et épurée : épurée par la flamme de vertu dont le cœur de Proudhon est embrasé ; aggravée par ses rancunes de plébéien, de paysan émancipé, qui a senti peser le joug du curé sur son village. La morale n'est pas dérivée de la religion, la morale n'est pas soudée à la religion. La morale est incompatible avec la religion. Quand on voit avec quelle vigueur Proudhon martèle ces affirmations, on se demande avec étonnement comment tels partisans des régimes d'autorité, et des croyances qui fondent l'autorité, peuvent se réclamer encore de l'auteur de La justice ; Paul Bourget était plus logique, qui déclarait que Proudhon lui faisait horreur.

Qu'après cela on puisse relever tel passage où Proudhon célèbre les bienfaits de la religion aux premières phases de l'humanité, tel autre où il montre qu'il y a intérêt à s'entendre avec le pape, tel autre où il se défend d'être athée, ou réclame le droit d'être religieux à sa manière, cela ne change rien au sens de l'ensemble. Et l'ensemble de l'œuvre de Proudhon est le plus hardi monument de morale laïque qui ait jamais été édifié.

Une morale laïque qui vise à l'égalité. Cela va de soi. Mais aussi une morale qui ne veut pas abandonner la cause de la liberté, qui même y tient par-dessus tout. Et cela aussi éclaire la situation particulière de Proudhon. Il évoque non pas seulement la Force collective, mais la Raison collective. Il nous avertit que les révélations de celle-ci, préparées par le déroulement de l'histoire, dépassent souvent les vues étroites de notre raison individuelle. Et cependant, pour que la raison collective se manifeste, il importe que les raisons individuelles s'affrontent, et que chacune dise librement son mot. La confrontation, voire l'opposition, la lutte incessante des opinions libres est une des conditions nécessaires à l'établissement de cet équilibre qui est le seul ordre social tolérable. La liberté de la presse apparaît, de ce point de vue, non seulement comme un droit de l'individu, mais comme un besoin de l'ensemble.

Plus se développera la réflexion de Proudhon, plus cette singulière apologie de la liberté prendra du prix à ses yeux. Elle s'intègre en effet dans le système des solutions vers lequel Proudhon s'achemine lorsqu'il s'aperçoit qu'à suivre Hegel jusqu'au bout il risque de faire fausse route. Il a longtemps cherché dans tous les ordres - dans le politique comme dans l'économique - après la thèse et l'antithèse, la synthèse. Mais les difficultés qu'il a rencontrées à la formuler lui font bientôt comprendre que la tâche est probablement impossible, et l'effort en tout cas inutile. Ce que demande le progrès de l'humanité, ce n'est pas de fondre les éléments qui s'opposent en une unité supérieure. Les unités supérieures alarment Proudhon : il a peur des « organisations » qui finissent par méca-

Célestin Bouglé

niser l'homme. En tout cas il ne veut à aucun prix qu'une société humaine se mue en organisme : ce serait se momifier. Il lui paraît donc opportun que les éléments en présence gardent leur autonomie, et même il n'est pas mauvais qu'ils entrent en concurrence. Il importe seulement que cette confrontation des prétentions finisse par une « balance » de justice, par un contrat conforme à l'idéal de l'échange égal.

Ainsi, de plus en plus vivement, Proudhon proteste et se redresse contre l'autoritarisme sans cesse renaissant des « organisateurs » d'où qu'ils viennent. Et de tous les groupements qui se constituent aujourd'hui pour défendre telle ou telle forme de l'idéal social, ceux-là sans doute pourraient se vanter d'avoir recueilli le meilleur de son creuset qui, invoquant les Droits de l'Homme comme la valeur supérieure, s'efforcent de maintenir, contre les offensives variées de l'instinct de dictature, la nécessité du libéralisme.

C. BOUGLÉ.

INTRODUCTION

Chapitre I

EXPÉRIENCES PERSONNELLES

La pauvreté

Mon biographe débute en ces termes :

« Pierre Joseph... » Il affecte de m'appeler par mon prénom, tout court, comme un gamin. Cela fait bien apparemment dans un pamphlet écrit pour les dévots ; cela vous aplatit un homme : courbons l'échine sous le fouet de cette Némésis.

« Pierre-Joseph donc est fils d'un pauvre tonnelier brasseur... »

Cette pauvreté de ma naissance revient à chaque page : c'est le commencement, le milieu et la fin de mon histoire. Mon attention se portant malgré moi sur cette insistance de mon biographe, je me suis demandé ce qu'il voulait et voici ce que j'ai découvert.

Le commun des hommes à le tort de haïr la pauvreté, comme si elle faisait tache dans le système de la Providence ; et ceux qui la logent à leur foyer, le tort plus grand encore de la vouloir expulser. C'est du moins ce que pensent dans le secret de leurs cœurs les satisfaits de l'ordre établi, que trouble et scandalise le cri de la misère.

Pauvreté n'est pas vice, disent les bonnes femmes de Franche-Comté, mais c'est pis ! Pis que le vice, entendez-vous, Monseigneur ? Quelle pensée révolutionnaire ! C'est la première leçon de philosophie pratique que j'ai reçue ; et, je l'avoue, rien, d'aussi loin qu'il me souvienne, ne m'a autant donné à réfléchir.

Quand je fus au collège, je fus surpris de retrouver dans mes auteurs la même sentence, presque mot pour mot : Paupertas hoc habet durius in se quod ridiculos homines facit : ce qu'il y a de plus insupportable dans la pauvreté, c'est qu'elle vous rend ridicule. Je ne sais plus qui a dit cela. Pauvreté et dérision ! cela me tombait sur la joue comme un soufflet. M. de Mirecourt me le remet en mémoire, quand il me nomme, en gouaillant, Pierre-Joseph.

Silence au pauvre ! Ce fut le dernier mot de Lamennais en 1848, quand l'Assemblée constituante, par mesure d'ordre contre les pauvres, rétablit le cautionnement des journaux. Aux assises de la nation la pauvreté n'a pas la parole, elle est suspecte.

Il est des moralistes, il en est jusque dans le parti républicain, dont la vertu souffre impatiemment qu'on discute devant les masses ces questions de richesse, de salaire, de propriété, de distribution des produits, de bien-être. Parlez-leur du devoir, du sacrifice, du désintéressement, de l'origine céleste de l'âme et de ses immortelles espérances, ils applaudissent ; mais des biens matériels, fi donc ! Il est messéant que dans une république la pauvreté se montre : Silence au pauvre !

Eh bien ! oui, Monseigneur, je suis pauvre, fils de pauvre, j'ai passé ma vie avec les pauvres, et selon toute apparence, je mourrai pauvre. Que voulez-vous ? Je ne demanderais pas mieux que de m'enrichir ; je crois que la richesse est bonne de sa nature et qu'elle sied à tout le monde, même au philosophe. Mais je suis difficile sur les moyens, et ceux dont j'aimerais à me servir ne sont pas à ma portée. Puis, ce n'est rien pour moi de faire fortune, tant qu'il existe des pauvres. Sous ce rapport je dis comme César : « Rien de fait tant qu'il reste à faire, Nil actum reputans si quid superesset agendum. Quiconque est pauvre est de ma famille. Mon père était garçon tonnelier, ma mère cuisinière ; ils se marièrent le plus tard qu'ils purent, ce qui ne les empêcha pas de mettre au monde cinq enfants, dont je suis l'aîné, et auxquels ils laissèrent, après avoir bien travaillé, leur pauvreté. Ainsi ferai-je : voilà bientôt cinquante ans que je travaille, et, pauvre oiseau battu par l'orage, je n'ai pas encore trouvé la branche verte qui doit abriter ma couvée. De toute cette misère je n'eusse dit jamais rien, si l'on ne m'eût fait une espèce de crime d'avoir rompu mon ban d'indigence, et de m'être permis de raisonner sur les principes de la richesse et les lois de sa distribution. Ah ! Si du moins le problème était résolu pour tout le monde, et qu'il n'y eût plus au monde que moi seul de pauvre ! Je rentrerais dans mon néant et ne déshonorerais pas davantage, par mes protestations insolentes, mon pays et mon siècle.

EXPÉRIENCES PERSONNELLES

(La justice dans la Révolution et dans l'Église, édition de 1860, 3e étude p. 1-3).

Le petit bouvier

Mon biographe m'adresse cet étrange reproche :

Au collège, comme plus tard à l'atelier, il refuse de partager les jeux de ses camarades, fait bande à part, dédaigne les amis, se livre, entre les heures de travail, à des promenades solitaires etc.

Sans doute je méditais dès lors la destruction de la famille et de la propriété. La sottise réactionnaire ayant fait de moi, en 1848, un ogre, il a bien fallu me trouver une jeunesse d'ogre, et je ne serais point surpris qu'il se rencontrât des gens prêts à jurer qu'ils m'ont connu grillon.

Au fait j'ai pu paraître, de douze à vingt ans, un peu farouche. La faute n'en était pas à mon cœur, mais au système chrétien qui, pervertissant les notions, atrophiant les instincts, travestit l'homme et lui impose des sentiments factices, à la place de ceux que lui a donnés la nature.

Qu'il me serait aisé, en effaçant ce que la malveillance a mis de fausses couleurs dans ce tableau de ma jeunesse, de me poser en philosophe imberbe fuyant la corruption des villes, et méditant dans la solitude sur les misères de l'humanité !

La vérité m'est beaucoup moins favorable ; c'est pour cela qu'elle est plus instructive, et que je tiens à la rétablir. Jusqu'à douze ans, ma vie s'est passée presque toute aux champs, occupée tantôt de petits travaux rustiques, tantôt à garder les vaches. J'ai été cinq ans bouvier. Je ne connais pas d'existence à la fois plus contemplative et plus réaliste, plus opposée à cet absurde spiritualisme qui fait le fond de l'éducation et de la vie chrétienne, que celle de l'homme des champs. A la ville, je me sentais dépaysé. L'ouvrier n'a rien du campagnard ; patois à part, il ne parle pas la même langue, il n'adore pas les mêmes dieux ; on sent qu'il a passé par le polissoir ; il loge entre la caserne et le séminaire, il touche à l'Académie et à l'hôtel de ville. Quel exil pour moi quand il me fallut suivre les

Célestin Bouglé

classes du Collège, où je ne vivais plus que par le cerveau, où, entre autres simplicités, on prétendait m' initier à la nature, que je quittais, par des narrations et des thèmes !

Le paysan est le moins romantique, le moins idéaliste des hommes. Plongé dans la réalité, il est l'opposé du dilettante, et ne donnera jamais trente sous du plus magnifique tableau de paysage. Il aime la nature comme l'enfant aime sa nourrice, moins occupé de ses charmes, dont le sentiment ne lui est pas étranger cependant, que de sa fécondité. Ce n'est pas lui qui tombera en extase devant la campagne de Rome, ses lignes majestueuses et son superbe horizon ; comme le prosaïque Montaigne, il n'en apercevra que le désert, les flaques pestilentielles et la mal'aria. Il n'imagine pas qu'il existe de poésie et de beauté là où son âme ne découvre que famine, maladie et mort : d'accord en cela avec le chantre des Géorgiques, qui, en célébrant la richesse des campagnes, n'imagina pas sans doute, avec les rimeurs efflanqués de notre temps, qu'elle en fût l'élément antipoétique. Le paysan aime la nature pour ses puissantes mamelles, pour la vie dont elle regorge. Il ne l'effleure pas d'un œil d'artiste ; il la caresse à plein bras, comme l'amoureux du Cantique des cantiques, Veni, et inibriemur uberibus, il la mange. Lisez Michelet racontant la tournée du paysan, le dimanche, autour de se terre : quelle jouissance intime ! quels regards ! Il m'a fallu du temps et de l'étude, je l'avoue, pour trouver de l'agrément à ses descriptions de lever et de coucher du soleil, de clairs de lune et des quatre saisons. J'avais vingt-cinq ans que le précepteur d'Émile, le prototype du genre, ne me paraissait encore, en ce qui regarde le sentiment de la nature, qu'un maigre fils d'horloger. Ceux qui parlent si bien jouissent peu ; ils ressemblent aux dégustateurs qui, pour apprécier le vin, le prennent dans l'argent et le regardent à travers le cristal.

Quel plaisir autrefois de me rouler dans les hautes herbes, que j'aurais voulu brouter, comme mes vaches ; de courir pieds nus sur les sentiers unis, le long des haies ; d'enfoncer mes jambes, en rechaussant (rebinant) les verts turquies, dans la terre profonde et fraîche ! Plus d'une fois, par les chaudes matinées de juin, il m'est arrivé de quitter mes habits et de prendre sur la pelouse un bain de rosée. Que dites-vous de cette existence crottée, Monseigneur ? Elle fait de médiocres chrétiens, je vous assure. A peine si je distinguais alors moi du non-moi. Moi, c'était tout ce que je pouvais toucher de la main, atteindre du regard, et qui m'était bon à quelque chose ; non-moi, c'était tout ce qui pouvait nuire ou résister à moi. L'idée de ma personnalité se confondait dans ma tête avec celle de mon bien-être, et je n'avais garde d'aller chercher là-dessous la substance inétendue et immatérielle. Tout le jour, je me remplissais de mûres, de raiponces, de salsifis des prés, de pois verts, de graines de pavots, d'épis de maïs grillés, de baies de toutes sortes : prunelles, blessons, alises, merises, églantines, lambrusques, fruits sauvages ; je me gorgeais d'une masse de crudités à faire crever un petit bourgeois élevé gentiment et qui ne produisaient d'autre effet sur mon estomac que de me donner le soir un formidable appétit. Dame nature ne fait mal à ceux qui lui appartiennent.

Hélas ! je ne pourrais plus aujourd'hui faire de ces superbes picorées. Sous prétexte de prévenir les dégâts, l'administration a fait détruire tous les arbres fruitiers des forêts. Un ermite ne trouverait plus sa vie dans nos bois civilisés. Défense aux pauvres gens de ramasser jusqu'aux glands et aux faînes ; défense de couper l'herbe des sentiers pour leurs chèvres. Allez, pauvres, allez en Afrique et dans l'Arégon :

... Veteres migrate coloni !

Que d'ondées j'ai essuyées ! Que de fois, trempé jusqu'aux os, j'ai séché mes habits sur mon corps, à la bise ou au soleil ! Que de bains pris à toute heure, l'été dans la rivière, l'hiver dans les sources ! Je grimpais sur les arbres, je me fourrais dans les cavernes ; j'attrapais les grenouilles à la course, les écrevisses dans leurs trous, au risque de rencontrer une affreuse salamandre ; puis je faisais sans désemparer griller ma chasse sur les charbons. Il y a, de l'homme à la bête, à tout ce qui existe, des sympathies et des haines secrètes dont la civilisation ôte le sentiment. J'aimais mes vaches, mais d'une affection inégale ; j'avais des préférences pour une poule, pour un arbre, pour un rocher. On m'avait dit que le lézard est un ami de l'homme, et je le croyais sincèrement. Mais j'ai toujours fait rude guerre aux serpents, aux crapauds et aux chenilles. - Que m'avaient-ils fait ? Nulle offense. Je ne sais ; mais l'expérience des

Célestin Bouglé

humains me les a fait détester toujours davantage.

Aussi comme je pleurais en lisant les adieux de Philoctète, si bien traduits de Sophocle par Fénelon :

O jour heureux, douce lumière, tu te montres enfin, après tant d'années ? Je t'obéis, je pars après avoir salué ces lieux. Adieu, cher antre ! adieu, nymphes de ces prés humides ! Je n'entendrai plus le bruit sourd des vagues de cette mer. Adieu, rivage, où tant de fois j'ai souffert des injures de l'air ! Adieu, promontoire, où Écho répéta tant de fois mes gémissements ! Adieu, douces fontaines, qui me fûtes si amères ! Adieu, ô terre de Lemnos ! Laisse-moi partir heureusement, puisque je vais où m'appelle la volonté des dieux et de mes amis.

Ceux qui, n'ayant jamais éprouvé ces illusions puissantes, accusent la superstition des gens de la campagne, me font parfois pitlé. J'étais grandelet que je croyais encore aux nymphes et aux fées ; et si je ne regrette pas ces croyances, j'ai le droit de me plaindre de la manière dont on me les a fait perdre.

Certes, dans cette vie toute de spontanéité, je ne songeais guère à l'origine de l'inégalité des fortunes, pas plus qu'aux mystères de la foi. Point de famine, point d'envie. Chez mon père, nous déjeunions le matin de bouillie de maïs, appelée gaudes ; à midi, les pommes de terre ; le soir, la soupe au lard, et cela tout le long de la semaine. En dépit des économistes qui vantent le régime anglais, nous étions, avec cette alimentation végétale, gros et forts. Savez-vous pourquoi ? C'est que nous respirions l'air de nos champs et que nous vivions du produit de notre culture. Le peuple a le sentiment de cette vérité quand il dit que l'air de la campagne nourrit le paysan, au lieu que le pain que l'on mange à Paris ne tient pas la faim.

Sans le savoir, et malgré mon baptême, j'étais une sorte de panthéiste pratique. Le panthéisme est la religion des enfants et des sauvages ; c'est la philosophie de tous ceux qui, retenus par l'âge, l'éducation, la langue, dans la vie sensitive, ne sont pas arrivés à l'abstraction et à l'idéal, deux choses que, selon moi, il est bon d'ajourner le plus possible.

(Justice, 5e étude, p. 86-90.)

EXPÉRIENCES PERSONNELLES

Le prote sans travail

Je n'ai pas été toujours aussi fort qu'aujourd'hui sur la balance économique, la question d'État, la double conscience et l'interprétation des emblèmes ; et puisque j'ai mené la vie ouvrière, c'est assez dire que j'ai eu ma période de spontanéité, avant d'atteindre ma période de réflexion. Je me souviens encore avec délices de ce grand jour où mon composteur devint pour moi le symbole et l'instrument de ma liberté. Non, vous n'avez pas idée de cette volupté immense où nage le cœur d'un homme de vingt ans qui se dit à lui-même : « J'ai un état ! Je puis aller partout ; je n'ai besoin de personne ! » Combien le christianisme est dépassé par cet enthousiasme du travail, si étrangement méconnu par nos hommes d'Église et nos hommes d'État ! Honneur, amitié, amour, bien-être, indépendance, souveraineté, le travail promet tout à l'ouvrier, lui garantit tout ; l'organisation du privilège fait seul mentir la promesse. J'ai passé deux ans de cette existence incomparable dans différentes villes de France et de l'étranger. Plus d'une fois, par amour d'elle, j'ai repoussé la littérature, dont quelques amis m'ouvraient la porte, préférant l'exercice du métier. Pourquoi ce rêve de ma jeunesse n'a-t-il pu durer toujours ? Ce n'est pas tout à fait par vocation littéraire, croyez-m'en, Monseigneur, que je suis devenu écrivain,

C'était en 1832, à l'époque de la première invasion du choléra, entre les funérailles de Casimir Périer et celles du général Lamarque. J'avais quitté la capitale, où sur quatre-vingt-dix imprimeries, pas une n'avait pu m'embaucher. La révolution de juillet avait arrêté la librairie ecclésiastique, qui fournissait à la typographie son principal aliment, et le pouvoir n'avait pas l'esprit d'y suppléer par une librairie philosophique et sociale. Pour subvenir à la détresse du commerce, les Chambres avaient voté un crédit de trente millions ! Le système de la paix à tout prix ne sut pas comprendre que ce n'étaient pas trente millions qu'il fallait, mais trois milliards, et qu'en endettant le pays de cette somme, appliquée à un travail reproductif, il eût fait un excellent placement.

Jugeant que Paris était le séjour des grandes misères comme des grandes fortunes, je résolus de regagner la province. Après

Célestin Bouglé

quelques semaines de travail à Lyon, puis à Marseille, le labeur manquant toujours, je me dirigeai sur Toulon, où j'arrivai avec 3 fr. 50 ; ma dernière ressource. Je n'ai jamais été plus gai, plus confiant qu'à cet instant critique. Je n'avais pas encore appris à calculer le doit et l'avoir de ma vie ; j'étais jeune. À Toulon, point de travail : j'arrivai trop tard, j'avais manqué la mèche de vingt-quatre heures. Une idée me vint, véritable inspiration de l'époque : tandis qu'à Paris, les ouvriers sans travail attaquaient le gouvernement, je résolus pour ma part d'adresser une sommation à l'autorité.

Je fus à l'Hôtel de Ville, et demandai à parler à M. le maire. Introduit dans le cabinet du magistrat, je tirai devant lui mon passeport :

- Voici, monsieur, lui dis-je, un papier qui m'a coûté deux francs, et qui, après renseignements fournis sur ma personne par le commissaire de police de mon quartier, assisté de deux témoins connus, me promet, enjoint aux autorités civiles et militaires, de m'accorder assistance et protection en cas de besoin. Or, vous saurez, monsieur le maire, que je suis compositeur d'imprimerie, que depuis Paris je cherche du travail sans en trouver, et que je suis au bout de mes épargnes. Le vol est puni, la mendicité interdite. Reste le travail, dont la garantie me paraît seule pouvoir remplir l'objet de mon passeport. En conséquence, monsieur le maire, je viens me mettre à votre disposition.

J'étais de la race de ceux qui, un peu plus tard, prenaient pour devise : Vivre en travaillant, ou mourir en combattant ! Qui, en 1848, accordaient trois mois de misère à la République ; qui, en juin, écrivaient sur leur drapeau : Du pain ou du Plomb ! J'avais tort, je l'avoue aujourd'hui : que mon exemple instruise mes pareils.

Celui à qui je m'adressais était un petit homme, rondelet, grassouillet, satisfait, portant des lunettes à branches d'or, et qui certes n'était pas préparé à cette mise en demeure. J'ai pris note de son nom, j'aime connaître ceux que j'aime. C'était un M. Guieu, dit Tripette ou Tripatte, ancien avoué, homme nouveau, découvert par la dynastie de juillet et qui, quoique riche, ne dédaignait pas une bourse de collège pour ses enfants. Il dut me prendre pour un échappé de l'insurrection qui venait d'agiter Paris à l'enterrement du général.

- Monsieur, me dit-il en sautillant dans son fauteuil, votre réclamation est insolite et vous interprétez mal votre passeport. Il veut dire que, si l'on vous attaque, si l'on vous vole, l'autorité prendra votre défense : voilà tout.

- Pardon, monsieur le maire, la loi, en France, protège tout le monde, même les coupables qu'elle réprime. Le gendarme n'a pas le droit de frapper l'assassin qu'il empoigne, hors le cas de légitime défense. Si un homme est mis en prison, le directeur ne peut s'approprier ses effets. Le passeport, ainsi que le livret, car je suis muni de l'un et de l'autre, implique pour l'ouvrier quelque chose de plus, ou il ne signifie rien.

- Monsieur, je vais vous faire délivrer 15 centimes par lieue pour retourner dans votre pays. C'est tout ce que je puis faire pour vous. Mes attributions ne s'étendent pas plus loin.

- Ceci, monsieur le maire, est de l'aumône et je n'en veux pas. Puis, quand je serai au pays, où je viens d'apprendre qu'il n'y a rien à faire, j'irai trouver le maire de ma commune comme je viens aujourd'hui vous trouver ; en sorte que mon retour aura coûté 18 fr. à l'État, sans utilité pour personne.

- Monsieur, cela ne rentre pas dans mes attributions...

Il ne sortait pas de là.

Repoussé avec perte sur le terrain de la légalité, je voulus essayer d'une autre corde. Peut-être, me dis-je, l'homme vaut-il mieux que le fonctionnaire : air placide, figure chrétienne, moins la mortification ; mais les mieux nourris sont encore les meilleurs.

- Monsieur, repris-je, puisque vos attributions ne vous permettent pas de faire droit à ma requête, donnez-moi un conseil. Je puis au besoin me rendre utile ailleurs que dans une imprimerie, et je ne répugne à rien. Vous connaissez la localité, que me conseillez-vous ?

- Monsieur, de vous retirer.

Je toisai le personnage. Le sang du vieux Tournési me montait au cerveau.

Célestin Bouglé

- C'est bien, monsieur le maire, lui dis-je les dents serrées : je vous promets de me souvenir de cette audience. Et quittant l'hôtel de ville, je sortis de Toulon par la porte d'Italie.

(Justice, 6e étude, p. 117-120.)

Une belle mort

Fûtes-vous jamais, Monseigneur, témoin d'une belle mort ? Écoutez encore ce récit : il ne s'agit ni d'un héros ni d'un génie, mais d'un pauvre artisan, race pure de libres penseurs, qui finit dans la communion révolutionnaire comme jamais chrétien ne sut faire dans celle de l'Église.

Mon père, à soixante-six ans, épuisé par le travail, en qui la lame, comme on dit, avait usé le fourreau, sentit tout à coup que sa fin était venue. Jamais, je dois le dire, je ne remarquai en lui une parole, un geste, qui témoignât d'impiété pas plus que de dévotion. Il ne priait et ne blasphémait point, tout entier à ses affaires, n'attendant rien que de son travail, et n'importunant de ses sollicitations ni le ciel ni les hommes. Quelquefois, aux grandes solennités, je l'ai vu faire comme tout le monde : aller à la messe : il s'y ennuyait, n'y comprenant rien, aussi étranger à la chose qu'un sourd-muet. Si le prêtre montait en chaire, il n'y tenait plus, et, sans rire ni faire aucune réflexion, il sortait vite. À coup sûr, le poids de ses dévotions était léger.

Le jour de sa mort, il eut, chose qui n'est pas rare, le sentiment arrêté de sa fin. Alors il voulut se préparer pour le grand voyage et donna lui-même ses instructions. Les parents et amis sont convoqués ; un souper modeste est servi, égayé par une douce causerie. Au dessert, il commence ses adieux, donne des regrets à l'un de ses fils mort dix ans auparavant, mort avant l'heure. J'étais absent, pour le service... de la famille. Son plus jeune fils, prenant mal la cause de son émotion, lui dit :

- Allons, père, chasse ces tristes idées. Pourquoi te désespérer ? N'es-tu pas un homme ? Ton heure n'a pas encore sonné.

EXPÉRIENCES PERSONNELLES

- Tu te trompes, réplique le vieillard, si tu t'imagines que j'aie peur de la mort. Je te dis que c'est fini ; je le sens, et j'ai voulu mourir au milieu de vous. Allons, qu'on serve le café ! ... Il en goûte quelques cuillerées.

- J'ai eu bien du mal dans ma vie, dit-il ; je n'ai pas réussi dans mes entreprises (l'innocent) ; mais je vous ai aimés tous et je meurs sans reproche. Dis à ton frère que je regrette de vous laisser si pauvres ; mais qu'il persévère...

Un parent de famille, quelque peu dévot, croit devoir réconforter le malade, en disant, comme le catéchisme, que tout ne finit pas à la mort ; que c'est alors qu'il faut rendre compte, mais que la miséricorde de Dieu est grande...

- Cousin Gaspard, répond mon père, je ne sais pas ce qu'il en est, et je n'y pense aucunement. Je n'éprouve ni crainte ni désir ; je meurs entouré de ce que j'aime, j'ai mon paradis dans mon cœur.

Vers dix heures il s'endormit, murmurant un dernier bonsoir, l'amitié, la bonne conscience, l'espérance d'une destinée meilleure pour ceux qu'il laissait, tout se réunissant en lui pour donner un calme parfait à ses derniers moments. Le lendemain mon frère m'écrivait avec transport : Notre père est mort en brave !... Les prêtres ne le canoniseront pas ; mais moi qui l'ai connu, je le proclame à mon tour un brave et ne souhaite pas pour moi-même d'autre oraison funèbre.

Comparez cette mort à celle d'un chrétien, entouré de cierges, de crucifix, d'eau bénite ; à qui le confesseur parle des jugements de Dieu, que l'on frotte d'huiles saintes, qu'on accable d'exorcismes comme si, sur le seuil de la tombe, commençait le supplice du réprouvé !

Eh quoi ! Voici des hommes, les premiers par le génie et la gloire, comblés de l'admiration de leurs contemporains, sûrs de la postérité, et pour qui la mort est insupportable : ils sont chrétiens.

Et ce pauvre tonnelier, étranger à toutes les grandeurs, s'éteignant de lassitude dans une chaumière, sourit à sa dernière heure ; sa conscience lui tient lieu de tout ; il est heureux. Ce n'est pas un impie, l'homme du peuple ne connaît pas l'impiété ; mais ce n'est pas un chrétien non plus qui, sur le bord de la tombe, donne une larme au fils qui n'est plus, parce que la mort de ce fils qui l'a devancé le

Célestin Bouglé

diminue ; qui regrette ses entreprises malheureuses parce qu'elles lui laissent un vide ; qui ne craint l'autre vie mais qui n'en a pas besoin, parce qu'il la possède dans son cœur.

Regarder la mort en face, la saluer d'amour, remettre son âme entre les mains de ses enfants et se fondre dans la famille en laissant son corps à la terre comme une rognure, cela n'est ni spiritualiste, ni mystique, ni chrétien ; c'est tout simplement de la réalité sociale, c'est de la Justice.

Aujourd'hui que l'on n'est ni avec le Christ ni avec la Révolution on a inventé, pour les mourants, des façons hideuses. Autour du malade, tout conspire pour lui cacher son état : on l'amuse, on le trompe, on le chloroformise ; on fait si bien qu'il trépasse sans y avoir pensé. Point de dernières paroles, novissima verba ; point de transmission de l'âme, point de testament. Il crève comme un chien : Unus est finis hominis et jumenti.

O mort ! Sœur aînée des amours, toujours vierge et toujours féconde, toi que j'ai reconnue dans le premier soupir de ma jeunesse, que j'ai ressentie à chaque élan de mon civique enthousiasme, à qui je puis offrir déjà trente années et plus de labeur, douce et heureuse Mort, pourrais-tu m'effrayer ? N'est-ce pas toi que j'adore dans l'amour et l'amitié ? Toi que je médite dans la vérité éternelle ? Toi que je cultive dans cette nature, dont la communion étouffe en mon cœur jusqu'au sentiment de ma pauvreté ? Toi, enfin à qui j'ai élevé un temple dans mon âme, et que je ne cesse d'invoquer, ô souveraine Justice !

Si tu viens aujourd'hui, je suis prêt : j'aime les miens et j'en suis aimé ; j'ai combattu, bonum certamen certavi ; si j'ai commis des fautes, du moins je n'ai pas désespéré de la vertu et je me suis relevé toujours. J'ai commencé mon testament, que d'autres achèveront, et j'ai la ferme confiance que quiconque l'aura lu comprendra cette forte parole, qu'il n'est pas de servitude pour celui qui a fait un pacte avec la mort. Si tu ne viens que demain, je serai encore mieux préparé ; J'aurai fait davantage, je t'embrasserai avec une effusion plus ardente d'un degré. Si tu tardes dix ans, je partirai comme pour le triomphe.

O mort ! Si longtemps calomniée et qui n'est terrible qu'aux méchants, seuls dignes d'être appelés immortels, ne serais-tu pas l'énigme fatidique dont le mot doit faire évanouir le sphinx des religions, en délivrant l'humanité de ses terreurs ? Tu ne m'as pas tout dit encore ; tu me gardes plus d'un secret, Enseigne-moi et je redirai ta parole ; et toutes les nations confesseront que tu es le seul Christ, vivant et véritable.

(Justice, 5e étude, p. 128-132.)

La pratique commerciale
et le paupérisme

Fourier raconte que les mensonges mercantiles dont il fut témoin, jeune encore, dans la boutique de son père, furent pour lui la première révélation de sa mission de réformateur. Un fait tout opposé décida de la mienne. Mon père, homme simple, ne put jamais loger en son esprit que, la société dans laquelle il vivait étant livrée à l'antagonisme, le bien-être que tout industriel tend à se procurer est butin de guerre autant que produit du travail ; qu'en conséquence le prix vénal d'une marchandise n'a pas pour mesure le prix de revient, mais ce que le besoin du public, ses moyens d'achat, l'état de la concurrence, etc., permettent d'extorquer. Il additionnait ses frais, ajoutait tant pour son travail et disait : « Voilà mon prix. » Il ne voulut entendre à aucune représentation et se ruina. Je n'avais pas douze ans que, faisant office de garçon de cave, et réfléchissant sur la pratique commerciale de mon père et les observations de ses amis, je raisonnais, sans le savoir, de l'offre et de la demande et du produit net, comme Pascal, avec des ronds et des barres, raisonnait de la géométrie. Je sentais parfaitement ce qu'il y avait de loyal et de régulier dans la méthode paternelle, mais je n'en voyais pas moins aussi le risque qu'elle entraînait. Ma conscience approuvait l'une ; le sentiment de notre sécurité me poussait à l'autre. Ce fut pour moi une énigme qui se posa en face de la théorie chrétienne, énigme qui, si je venais à la résoudre, menaçait d'engloutir ma religion.

Sorti du collège, l'atelier me reçut. J'avais dix-neuf ans. Devenu producteur pour mon compte et échangiste, mon labeur quotidien, mon instruction acquise, ma raison plus forte me permettaient de creuser le problème plus avant que je n'avais su faire autrefois. Efforts inutiles : les ténèbres s'épaissirent de plus en plus.

Mais quoi, me disais-je tous les jours en poussant mes lignes, si par quelque moyen les producteurs pouvaient s'accorder à vendre leurs produits et services à peu près ce qu'ils coûtent, et par conséquent ce qu'ils valent, il y aurait moins d'enrichis sans aucun doute, mais il y aurait aussi moins de faillis ; et, tout étant à bon marché, on verrait beaucoup moins d'indigence.

Déception ! Me criait aussitôt l'Église. Un tel accord des volontés et des intérêts, supposant dans la société humaine la sainteté et la justice, est impossible. L'Évangile, qui le sait bien, nous enseigne que le paupérisme est indéfectible comme le crime ; que les méchants et les pauvres seront toujours en plus grand nombre, pauci electi. Et c'est afin de combattre le débordement du péché, inhérent à notre nature, et ses inévitables conséquences, que le Christ est venu sur la terre, qu'il a prêché le détachement, la résignation, l'humilité et qu'il a souffert le supplice de la croix, gage des compensations qu'il nous promet dans l'autre vie.

Ceci me parut louche.

Aucune expérience positive, répondais-je, ne démontre que les volontés et les intérêts ne puissent être balancés de telle sorte que la paix, une paix imperturbable, en soit le fruit, et que la richesse devienne la condition générale. Rien ne prouve que le vice et le crime, dont on fait le principe de la misère et de l'antagonisme, n'aient pas précisément leur cause dans cette misère et cet antagonisme que la doctrine catholique présente comme en étant le châtiment. Toute la question est de trouver un principe d'harmonie, de pondération, d'équilibre.

Or, si par hypothèse, un tel principe existait, si par conséquent l'équilibre des forces et des intérêts venant à s'établir, le bien-être devenait général, le vice et le crime diminuant en même proportion que le paupérisme, le christianisme ne serait donc plus vrai ! Pour que le christianisme soit vrai, il faut que la bascule, par suite, la misère et le crime, soient éternels. Où suis-je ? Et à quels termes viens-je de réduire le système entier de la religion ?... Ainsi le christianisme serait intéressé au maintien du paupérisme et de l'agiotage ; ainsi, bien loin qu'il soit l'ami des pauvres, leur consolateur, leur refuge, il serait leur ennemi : par contre, bien loin qu'il veuille sincèrement l'extinction du péché, il en aurait besoin, il devrait le protéger, l'aimer !

Considérez, Monseigneur, quel doute fait planer sur la vérité du christianisme et sur la morale cette question du paupérisme, et combien, en attendant la solution de ce doute, la position de l'Église est fausse ! Elle ne peut pas, d'un cœur sincère et d'une volonté efficace, souhaiter la fin du paupérisme et du crime ; elle ne peut pas vouloir en ce monde le bonheur de ses enfants. Elle semble vouée par son dogme à l'odieuse mission de combattre comme impies toutes les tentatives pour l'abolition de la misère ; en sorte que, tout en se donnant l'apparence de protéger le pauvre et de tonner contre l'égoïsme du riche, elle n'existe en réalité que pour défendre le privilège de celui-ci contre le désespoir de celui-là.

(Justice, 3e étude p. 5-9.)

La médaille de la Vierge
et la foi à l'humanité

En 1848, quand les pétitions pleuvaient à l'Assemblée nationale des quatre coins de la France, demandant que je fusse expulsé comme athée, je reçus une lettre envoyée de province. L'écriture était belle, l'orthographe irréprochable ; assez de distinction dans le style. Ni signature, ni adresse ; l'auteur cependant était une femme, de plus, disait-elle, jeune encore, vivant dans le monde, qui allait au bal, quand il y avait des bals, et qui, depuis la République apparemment, ne s'occupait plus que des choses de Dieu. Dans le pli de la lettre, une médaille de la Vierge, attachée à un cordon de soie.

« Vous ne voulez pas de Dieu, me disait-elle. Malheureux ! que voulez-vous donc ?... Vous ne me connaissez pas et probablement vous ne me connaîtrez jamais ; mais vous m'avez fait bien du mal... Je vous le demande en grâce, monsieur, portez cette petite médaille, bien précieuse pour moi, et notre bonne Mère vous sauvera malgré vous. Je vous l'envoie a l'insu de mon mari, bien que sans doute il m'eût approuvée. Comme vous, monsieur, il est un homme d'intelligence, mais avec la différence que lui croit en Dieu et l'adore. »

Célestin Bouglé

Sur-le-champ, j'ôte mon habit, ma cravate, et je passe sous ma chemise la petite médaille... Aujourd'hui que le temps est loin, je ne puis m'empêcher de frémir encore de mon imprudence. Se figure-t-on l'athée portant une pièce bénite ? Supposez qu'un soir, ramassé dans la rue, mort ou blessé, le médecin du quartier eût découvert sur la peau cette relique : quel scandale ! Comme les conjectures seraient allées ! J'étais un homme perdu. Eh ! dures cervelles comme disait le Christ, corps sans âme, si j'ai perdu la foi à Dieu, j'ai gagné la foi à l'humanité, cette foi qui se définit justice et indulgence. Que me fait la dévotion plus ou moins superstitieuse d'une femme ? Que pèsent à mes yeux ses prétentions à la sainteté et à la littérature ? Je ne crois pas plus à son génie qu'à ses miracles ; mais je crois à son héroïsme, à son dévouement, à cette tendresse surhumaine qui, malgré la foi, proteste en elle contre la damnation de l'athée ; j'attends tout de la vertu de son sacrifice et j'adore en elle la conscience du genre humain, Ce cordon, cette médaille, brimborions ridicules, mais chargés des effluves d'une âme dolente et passionnée, devenaient pour moi un talisman qui devait me garantir de l'excès de ma colère vis-à-vis de l'homme et de l'ironie à l'égard de la femme. Certes le miracle attendu par ma pieuse donatrice ne s'est pas accompli ; elle saura du moins, si elle lit ces lignes, que je n'ai pas failli à son vœu et que je pourrai me vanter, au tribunal du grand Juge, d'avoir eu dans ma vie un quart d'heure de bonne volonté.

(Justice, 5e étude, p. 23-24.)

Hiérarchie et procession

Ce que l'Église s'efforce d'inculquer aux intelligences par ce qu'elle nomme son enseignement, elle le montre aux imaginations dans les figures et les cérémonies de son culte.

Pour relever le vieux monde et le maintenir sur sa base, si jamais on vient à bout de cette grande entreprise, la première chose, selon l'esprit chrétien, est de rétablir, avec le principe d'autorité, le principe de hiérarchie.

Quand l'aristocratie d'une société est perdue, dit M. Blanc Saint-Bonnet, tout est perdu.

Quand un peuple ne peut plus fournir d'aristocratie, c'est qu'il est épuisé. Et c'est un signe de décadence quand un peuple porte envie à son aristocratie.

Il faut, pour nous sauver, que la bourgeoisie s'anoblisse : c'est la noblesse qui a fondé la nation (De la Restauration française, livre 3.)

Pour faire de la bourgeoisie une nouvelle féodalité, nous savons la marche à suivre (voir le Manuel du Spéculateur à la Bourse), il n'y manque que la consécration sacerdotale. Elle ne fera pas faute.

Qu'est-ce que le culte ? Une représentation de la société.

L'homme qui, suivant la prescription de l'Apôtre, s'est dépouillé de sa conscience naturelle, et qui a revêtu comme une cuirasse la foi théologale, n'est plus qu'une marionnette dansant devant son idole comme David dansait devant l'arche, à la grande pitié de sa femme Michol.

Entrons à l'église pendant l'office, un jour de grande fête. Les places sont distribuées suivant les dignités : banc d'œuvre, stalles pour les fabriciens, marguilliers, préfets de congrégations, autorités civiles et militaires ; la moyenne classe a des chaises payées au jour et à l'an ; la multitude, debout ou accroupie, s'entasse derrière les piliers, au fond des chapelles, hors de la vue du maître-autel et de la chaire.

Au prône, si le seigneur, prélat ou prince y assiste, le prédicateur, qui est censé parler pour tout le monde, lui adresse nominativement la parole.

À l'offerte, les sommités reçoivent l'encens chacune à part ; tandis que le peuple en masse est régalé le dernier de trois coups d'encensoir.

C'est ainsi que l'Église fait entrer dans les âmes le respect de la hiérarchie. Que de fois, mais en vain, la conscience du peuple en murmure !

En 1830, quelques jours avant la révolution de juillet, la duchesse d'Angoulême passant à Besançon, je fus témoin du scandale que causa à nos vignerons, les Boussebots, Mgr le cardinal de Rohan, lorsqu'il reçut la princesse sous le porche de la cathédrale avec l'encens et le dais : il leur semblait qu'un tel honneur dût être réservé à Dieu. La révolution, on le vit quelques semaines plus tard, à la démolition de la croix de mission, infectait ces têtes-là.

Qui n'a observé l'ordre des processions ? La plèbe en avant, par âges, sexes et corporations ; les ordres religieux ensuite ; puis le clergé, massé près du dais, entouré de la magistrature, des chefs de l'armée, comme de gardes du corps. Toujours la gradation des rangs et des castes. Pendant que la jeunesse de qualité, poudrée, frisée, revêtue d'aubes éblouissantes, ceinte de ceintures d'argent et d'or, porte devant le Saint-Sacrement les cassolettes où brûlent les parfums, de petits pauvres pris parmi les charbonniers et forgerons sont chargés de la braise et des pincettes. Je me souviens qu'un jour, pas un gamin ne voulant de la commission, je m'offris bravement avec un camarade pour remplir cet office, la procession ne pouvant pas plus se passer du réchaud que de l'ostensoir. Il me semblait qu'à l'exemple de je ne sais plus quel ancien à qui ses concitoyens avaient confié le curage des égouts, j'allais illustrer ma charge. Tout le monde, les abbés comme les autres, se moqua de moi. À quoi pensais-je de m'imaginer que les chrétiens fussent égaux devant le saint sacrement ? J'avais choisi d'être méprisé dans la maison du Seigneur, Elegi aqectus esse in domo Domini, et j'étais méprisé ; c'était justice.

La procession de la Fête-Dieu a fourni à Châteaubriand la plus belle de ses amplifications. Ce n'est pas sans une colère concentrée que j'ai lu, à vingt ans, les ouvrages de ce phraseur sans conscience, sans philosophie, et dont toute la dignité fut dans la faconde. Voilà donc, me disais-je, avec quoi l'on mène les nations ! Ceux de 89, témoins de la tyrannie féodale et des corruptions du sacerdoce, n'eussent pas été dupes de ce clinquant ; il a suffi, en 1804, qu'un soldat jacobin se dît empereur pour changer les sentiments et les idées. Ceux qu'avait émancipés la raison philosophique furent séduits à leur tour par la fantasia littéraire. Quel génie en effet dans le christianisme ! Quelle poésie dans ce monde féodal ! Les belles choses que les carillons, la crécelle, la bûche de Noël, la fève des Rois, la cendre du Carême ! Ces misérables classiques, pendant trois siècles, n'y avaient pas pensé ; les romantiques en vivront quinze ans. O saintes demeures des moines, relevez-vous ! Les pères vous ont mises à l'encan dans leur folie, les fils vous rétabliront dans leur repentir.

L'insulte hiérarchique poursuit l'homme jusqu'au cimetière. Les enterrements, comme les mariages, sont de plusieurs classes. Dans un village de Picardie, le curé, afin de marquer l'échelle des rangs, s'est avisé de faire suivre aux convois funèbres deux chemins différents : l'un roide, étroit et en ligne droite, pour les pauvres ; l'autre développé en une large et superbe courbe, pour les riches. Le maire, esprit libéral, de qui je tiens l'anecdote, veut s'opposer à cet abus des distinctions ; il ordonne que la grande route sera suivie par tout le monde. Dénonciation du maire au préfet par le curé ; interpellations du préfet ; explications données par le chef municipal. Le prêtre gagne son procès et le maire, suspect de révolutionnarisme, est contraint de donner sa démission.

(Justice, 5e étude, p. 58-61.)

Lettre de candidature

Besançon, 31 mai 1837.

À MM. de l'Académie de Besançon,

Messieurs, je suis compositeur et correcteur d'imprimerie, fils d'un pauvre artisan qui, père de trois garçons, ne put jamais faire les frais de trois apprentissages. J'ai connu de bonne heure le mal et la peine ; ma jeunesse, pour me servir d'une expression toute populaire, a été passée à plus d'une étamine. Ainsi luttèrent avec la fortune Suard, Marmontel, une foule de littérateurs et de savants. Puissiez-vous, messieurs, à la lecture de ce Mémoire, concevoir la pensée qu'entre tant d'hommes fameux par les dons de l'intelligence, et celui qui en ce moment sollicite vos suffrages, la communauté du malheur n'est peut-être pas l'unique point de ressemblance.

Destiné d'abord à une profession mécanique, je fus, par les conseils d'un ami de mon père, placé comme élève externe gratuit au lycée de Besançon. Mais qu'était-ce que la remise de cent vingt francs pour une famille où le vivre et le vêtir étaient toujours un problème ? Je manquais habituellement des livres les plus nécessaires ; je fis toutes mes études de latinité sans un dictionnaire ; après avoir traduit en latin tout ce que me fournissait ma mémoire, je laissais en blanc les mots qui m'étaient inconnus et, à la porte du collège, je remplissais les places vides. J'ai subi cent punitions pour avoir oublié mes livres ; c'était que je n'en avais point. Tous mes jours de congé étaient remplis par le travail des champs ou de la maison, afin d'épargner une journée de manœuvre ; aux vacances, j'allais moi-même chercher la provision de cercles qui devait alimenter la boutique de mon père, tonnelier de profession. Quelles études ai-je pu faire avec une semblable méthode ? Quels minces succès j'ai dû obtenir !

À la fin de la quatrième, j'eus pour prix la Démonstration de l'existence de Dieu de Fénelon. Ce livre me sembla tout à coup avoir ouvert mon intelligence et illuminé ma pensée. J'avais entendu parler de matérialistes et d'athées ; il me tardait d'apprendre comment on s'y prenait pour nier Dieu.

Je l'avouerai cependant : la philosophie de Descartes, ornée de l'éloquence de Fénelon, ne me satisfit pas entièrement. Je sentais Dieu, j'en avais l'âme pénétrée ; saisi dès l'enfance de cette grande idée, elle débordait en moi et dominait toutes mes facultés. Et dans un livre fait pour prouver l'Être suprême, je ne rencontrais qu'une métaphysique chancelante dont les déductions avaient l'air d'une hypothèse plus commode, mais ne ressemblaient pas à une théorie scientifique et certaine. Permettez-moi, messieurs, de vous en offrir un exemple. L'âme ne peut périr, disent les cartésiens, parce qu'elle est immatérielle et simple. Mais pourquoi ce qui a une fois commencé d'être, ne pourrait-il cesser d'exister ? Quoi donc ! L'âme dans sa durée serait d'une part, infinie et éternelle, de l'autre bornée ? Cela est inconcevable ! La matière, disent les mêmes philosophes, n'est point l'Être nécessaire, parce qu'elle est évidemment contingente, dépendante et passive. Donc elle a été créée. Mais comment concevoir la création de la matière par l'esprit plutôt que la production de l'esprit par la matière ? L'un est aussi inconcevable que l'autre. Je demeurai donc ce que j'étais, croyant en Dieu et à l'immortalité de l'âme ; mais, j'en demande pardon à la philosophie, ce fut bien moins à cause de l'évidence de ses syllogismes, que pour la faiblesse des raisons contradictoires. Il me sembla dès lors qu'il fallait suivre une autre route pour constituer la philosophie en une science, et je ne suis pas revenu de cette opinion de mon enfance.

Je poursuivis mes humanités à travers les misères de ma famille et tous les dégoûts dont peut être abreuvé un jeune homme sensible, et du plus irritable amour-propre. Outre les maladies et le mauvais état de ses affaires, mon père poursuivait un procès dont la perte devait compléter la ruine. Le jour même où le jugement devait être prononcé, je devais être couronné d'excellence. Je vins le cœur bien triste à cette solennité où tout semblait me sourire ; pères et mères embrassaient leurs fils lauréats et applaudissaient à leurs triomphes, tandis que ma famille était au tribunal, attendant l'arrêt.

Je m'en souviendrai toujours. M. le recteur me demanda si je voulais être présenté à quelque parent ou ami pour me voir couronné de sa main.

- Je n'ai personne ici, monsieur le recteur, lui répondis-je.

- Eh bien ! Ajouta-t-il, je vous couronnerai et vous embrasserai.

Jamais, messieurs, je ne sentis un plus vif saisissement. Je retrouvai ma famille consternée, ma mère dans les pleurs : notre procès était perdu. Ce soir-là, nous soupâmes tous au pain et à l'eau.

Je me traînai jusqu'en rhétorique : ce fut ma dernière année de collège. Force me fut dès lors de pourvoir à ma nourriture et à mon entretien.

- Présentement, me dit mon père, tu dois savoir ton métier ; à dix-huit ans je gagnais du pain et je n'avais pas fait un si long apprentissage.

Je trouvais qu'il avait raison et je rentrai dans une imprimerie.

J'espérai quelque temps que le métier de correcteur me permettrait de reprendre mes études abandonnées au moment même où elles exigent des efforts plus grands et une activité nouvelle. Les œuvres des Bossuet, des Bergier, etc., me passèrent sous les yeux ; j'appris les lois du raisonnement et du style avec ces grands maîtres. Bientôt, je me crus appelée à devenir un apologiste du christianisme et je me mis à lire des livres de ses ennemis et de ses défenseurs. Faut-il vous le dire, messieurs ? Dans l'ardente fournaise de la controverse, me passionnant souvent pour des imaginations et n'écoutant que mon sens privé, je vis s'évanouir peu à peu mes chères et précieuses croyances ; je professais successivement toutes les hérésies condamnées par l'Église et relatées dans le dictionnaire de l'abbé Pluquet ; je ne me détachais de l'une que pour m'enfoncer dans l'opposée, jusqu'à ce qu'enfin, de lassitude, je m'arrêtai à la dernière et peut-être la plus déraisonnable de toutes : j'étais socinien. Je tombai dans un découragement profond.

Cependant les commotions politiques et ma misère privée m'arrachèrent à mes méditations solitaires, et me jetèrent de plus en plus dans le tourbillon de la vie active Pour vivre, il me fallut quitter ma ville et mon pays prendre le costume et le bâton du compagnon du tour de France et chercher, d'imprimerie en imprimerie, quelques lignes à composer, quelques épreuves à lire. Un jour, je vendis mes prix de collège, la seule bibliothèque que j'aie jamais possédée. Ma mère en pleura ; pour moi, il me restait les extraits manuscrits de mes lectures. Ces extraits, qui ne se pouvaient vendre, me suivirent et me consolèrent partout. J'ai parcouru de la sorte une partie de la France, exposé quelquefois à manquer de travail et de pain, pour avoir osé dire la vérité en face à un patron, qui, pour réponse, me chassait brutalement. Cette année même, employé à Paris comme correcteur, j'ai failli encore une fois être la victime de ma fierté provinciale ; et, sans l'appui de mes collègues, qui me défendirent contre les injustes préventions d'un chef d'atelier, je me fusse vu peut-être pressé par la faim, obligé de me mettre aux gages de quelque journaliste. Malgré toutes les privations et les misères que j'ai endurées, cette extrémité m'eût paru la plus horrible de toutes.

La vie de l'homme n'est jamais tellement souffrante et abandonnée qu'elle ne soit semée de consolations. J'avais rencontré un ami dans un jeune homme que la fortune tourmentait aussi bien que moi-même, par les contrariétés morales et l'aiguillon de la pauvreté. Il se nommait Gustave Fallot. Au fond d'un atelier, je reçus un jour une lettre, qui m'invitait à tout quitter et à aller rejoindre mon ami... « Vous êtes malheureux, me disait-il, et la vie que vous menez ne vous convient pas. Proudhon, nous sommes frères : tant qu'il me restera du pain et une chambre, je partagerai avec vous.

Venez ici, et nous vaincrons ou nous périrons ensemble ». Il venait alors, messieurs, de vous adresser lui-même un mémoire et se présentait à vos suffrages comme candidat à la pension Suard. Sans m'en rien dire il se proposait, s'il obtenait la préférence sur ses amis, de m'abandonner la jouissance de cette pension, se réservant pour lui-même la gloire du titre et l'exploitation des avantages précieux qui y sont attachés. « Si je suis nommé au mois d'août, me disait-il sans s'expliquer davantage, notre carrière s'ouvrira au mois d'août. » Je volai à son appel, et ce fut pour le voir, saisi par le choléra, consumer pour moi jusqu'à ses dernières ressources, arriver aux portes de la mort sans qu'il me fût possible de lui continuer mes soins. Le manque d'argent ne nous permettait plus de rester unis ; il fallut se séparer et je l'embrassai pour la dernière fois. Le 25 janvier dernier, je fis une heure de méditation sur sa tombe.

Cinquante francs dans ma poche, un sac sur le dos, et mes cahiers de philosophie pour provisions, je me dirigeai vers le midi de la France... Mais, messieurs, ce serait abuser de votre patience que de venir vous détailler ici, par le menu et dans l'ordre chronologique, tout ce que j'ai souffert dans mon corps et dans mon cœur. Que vous importe, après tout, que j'aie été plus ou moins secoué par la fortune ? Il ne suffit pas pour mériter votre choix de n'avoir que de la misère à offrir, et vos suffrages ne cherchent point un aventurier. Cependant, si je ne découvre pas ma calamiteuse existence, qui me recommandera à votre attention ? Qui parlera pour moi ? Telle a été jusqu'à ce jour, telle est encore ma vie : habitant les ateliers, témoin des vices et des vertus populaires, mangeant mon pain gagné chaque jour à la sueur de mon front, obligé avec mes modiques appointements d'aider ma famille et de contribuer à l'éducation de mes frères, au milieu de tout cela, méditant, philosophant, recueillant les moindres choses des observations imprévues

Fatigué de la condition précaire et misérable d'ouvrier, je voulus à la fin essayer, conjointement avec un de mes confrères, de réorganiser un petit établissement d'imprimerie. Les minces économies des deux amis furent mises en commun, et toutes les ressources de leurs familles jetées à cette loterie. Le jeu perfide des affaires a trompé à notre espoir : ordre, travail, économie, rien n'a servi ; des deux associés, l'un est allé au coin d'un bois mourir d'épuisement et de désespoir, l'autre n'a plus qu'à se repentir d'avoir entamé le dernier morceau de son père.

Pardon, encore une fois, messieurs, si, au lieu d'exposer des titres réels à votre bienveillance, je ne vous montre que mon infortune. Inconnu à la plupart d'entre vous j'ai dû, ce me semble, vous dire ce que j'ai été, ce que je suis. Ce n'est pas au reste sans quelque répugnance que j'ai consenti à vous raconter quelques circonstances de ma vie, et à vous dévoiler l'état habituel de mon esprit et de mon caractère. De telles confidences ne me paraissent bien placées qu'entre égaux et amis. « Eh bien ! Me dit un homme que j'aime et révère, voulez-vous plaire à messieurs de l'Académie ? Parlez-leur comme à des amis. » Se serait-il trompé, et ma confiance me tournerait-elle à mal ?

En 1836-1837, une longue maladie m'ayant obligé d'interrompre mon travail d'atelier, je me remis à l'étude. Quelques essais assez heureux de critique et de philosophie sacrée avaient donné un nouvel essor à mes instincts littéraires et déterminé mon penchant aux spéculations philosophiques. Dans les insomnies de la fièvre, et les loisirs d'une laborieuse convalescence, je me livrai à des recherches de grammaire qui me parurent assez importantes pour mériter votre examen. Deux exemplaires de mon ouvrage vous furent adressés ; mais les immenses travaux de votre savante compagnie ont seuls jusqu'ici, du moins j'ose le présumer, retardé votre jugement.

Si pourtant la faible composition qui vous est soumise pouvait répondre de celles que je prépare ; si l'exposé de mes premiers aperçus garantissait suffisamment la justesse des idées que j'élabore ; si vous désiriez, messieurs, voir mener à fin des études neuves et fécondes, serait-il permis a celui qui, déjà, depuis un an, s'est constitué votre justiciable, de compter un peu plus sur votre indulgente bienveillance que sur les espérances douteuses de son talent et les égards dus à l'extrême modicité de sa fortune ?

Chercher à la psychologie de nouvelles régions, à la philosophie de nouvelles lois ; étudier la nature et le mécanisme de l'esprit humain dans la plus apparente et la plus saisissable de ses facultés, la parole ; déterminer d'après l'origine et les procédés du langage, la source et la filiation des croyances humaines ; appliquer, en un mot, la grammaire à la métaphysique et à la morale, et réaliser la pensée qui tourmente de profonds génies, qui préoccupait Fallot, que poursuit notre Pauthier : telle est, messieurs, la tâche que je m'imposerais, si vous m'accordiez les livres et du temps ; des livres surtout ! Le temps ne me manquera jamais.

Après toutes les vicissitudes de mes idées et la longue parturition de mon âme, j'ai dû finir, j'ai fini par me créer un système complet et lié de croyances religieuses et philosophiques, système que je puis réduire à cette simple formule :

Il existe, d'origine surhumaine, une philosophie ou religion primitive, altérée dès avant toutes les époques historiques et dont les cultes des différents peuples ont tous conservé les vestiges authentiques et homologués. La plupart des dogmes chrétiens eux-mêmes ne sont que l'expression sommaire d'autant de propositions démontrables ; et l'on peut, par l'étude comparée des systèmes religieux, par l'examen attentif de la formation des langues, et indépendamment de toute autre révélation, constater la réalité des vérités que la loi catholique impose, vérités inexplicables en elles-mêmes, mais accessibles à l'entendement. De ce principe peut être déduite, par une série de conséquences rigoureuses, une philosophie traditionnelle dont l'ensemble constituera une science exacte.

Tel est aujourd'hui, messieurs, le compendium de ma profession de foi. Né et élevé au sein de la classe ouvrière, lui appartenant encore par le cœur et les affections, et surtout la communauté des souffrances et des vœux, ma plus grande joie, si je réunissais vos suffrages, serait, n'en doutez pas, messieurs, de pouvoir désormais travailler sans relâche, par la science et la philosophie, avec toute l'énergie de ma volonté et toutes les puissances de mon esprit, à l'amélioration morale et intellectuelle de ceux que je me plais à nommer mes frères et mes compagnons, de pouvoir répandre parmi eux les semences d'une doctrine que je regarde comme la loi du monde moral ; et, en attendant le succès de mes efforts, dirigés par votre prudence, de me trouver déjà, en quelque sorte, comme leur représentant auprès de vous.

Mais quel que soit votre choix, messieurs, je m'y soumets d'avance, et j'y applaudis ; à l'exemple d'un ancien, je me réjouirais que vous eussiez trouvé un plus méritant que moi : Proudhon, accoutumé dès l'enfance à aiguiser son courage contre l'adversité, n'aura jamais l'orgueil de se croire un génie dédaigné et méconnu...

(Correspondance de P.-J. Proudhon, t., I, p. 24-33.)

EXPÉRIENCES PERSONNELLES

Chapitre II

RELIGION ET MORALE

Les bienfaits de la religion

Source de terreur et de joie, de résignation et d'espérance ; mais principe de discorde, de relâchement et de paresse !... les maux qu'a causés la religion sont connus : rappelons seulement, à sa dernière heure, ses bienfaits, ses hautes inspirations. C'est elle qui cimenta les fondements des sociétés, qui donna l'unité et la personnalité aux nations, qui servit de sanction aux premiers législateurs, anima d'un souffle divin les poètes et les artistes, et plaçant dans le ciel la raison des choses et le terme de notre espérance, répandit à flots sur un monde de douleurs la sérénité et l'enthousiasme. C'est encore elle qui, déjà couverte du voile funèbre, fait brûler tant d'âmes généreuses du zèle de la vérité et de la justice, et, dans les exemples qu'elle nous laisse, nous avertit en mourant de chercher les conditions du bonheur et les lois de l'égalité. Combien elle embellit nos plaisirs et nos fêtes ! Quel parfum de poésie elle répandait sur nos moindres actions ! Comme elle sut anoblir le travail, rendre la douleur légère, humilier l'orgueil du riche, et relever la dignité du pauvre ! Que de courages elle échauffa de ses flammes ! Que de vertus elle fit éclore ! Que de dévouements elle suscita ! Quel torrent d'amour elle versa au cœur des Thérèse, des François de Sales, des Vincent de Paul, des Fénelon ; et de quel lien fraternel elle embrassa les peuples, en confondant dans ses traditions et ses prières les temps, les langues et les races ! Avec quelle tendresse elle consacra notre berceau, et de quelle grandeur elle accompagna nos derniers instants ! Quelle chasteté délicieuse elle mit entre les époux ! La femme vraiment forte et divine est celle en qui l'amour a fait mourir le sens, et qui conçoit sans volupté : la femme à l'état de nature, c'est la prostituée. La religion a créé des types auxquels la science n'ajoutera rien : heureux si nous apprenons de celle-ci à réaliser en nous l'idéal que nous a montré la première.

(Création de l'ordre dans l'humanité, pp. 73-74. Nouvelle édition

Célestin Bouglé

des Oeuvres de Proudon, Rivière, 1927.)

La Religion réfutée par l'histoire

Les efforts des prêtres pour accorder la foi avec la raison, et donner à leurs dogmes une apparence de solidité, n'ont servi qu'à mettre en évidence les embarras de leur cause et la faiblesse de leurs moyens. Résumons quelques-uns de leurs arguments.

a) La Religion, disent-ils, est un fait constant, universel ; une chose non inventée, mais créée avec l'homme, existante par cela seul qu'il existe : donc la religion est nécessaire, indestructible. - Cette argumentation est commune aux prêtres et à certains novateurs, qui, désabusés du catholicisme et de toutes les religions connues, rêvent d'une religion nouvelle.

Erreur de critique : la Religion, première forme de la pensée humaine, sorte de préparation à la science, ne tend pas à vivre, mais a mourir. Pour apprécier sa nature transitoire, il faut considérer, non l'universalité de son existence, mais l'universalité de son dépérissement ;

b) L'idée de Dieu et de ses attributs est le principe de toute religion : or, cette idée ne s'acquiert ni par les sens, ni par induction ; elle nous est révélée de Dieu même. Donc la Religion est divine.

Erreur de fait : l'idée de Dieu est d'autant plus grossière qu'on la prend de plus haut dans la religion ; elle s'épure, au contraire, à mesure que la philosophie l'en éloigne. La révélation complète de l'idée de Dieu n'est point à l'origine des religions, mais à leur fin ;

c) Toute la nature est pleine de mystères : pourquoi reprocher à la Religion d'avoir aussi les siens ? - Cette analogie a paru si convaincante, qu'on l'a développée à l'infini.

Oubli des faits : nous ne connaissons pas la cause du mouvement, mais nous le voyons ; nous ne savons pas comment un être organisé en produit un autre, mais nous sommes témoins de cette génération. Or, qui a vu la génération du Verbe, et la procession de

RELIGION ET MORALE

l'Esprit ? Qui a constaté la virginité de Marie ? Qui nous garantit la présence réelle ?

d) Les prophéties, les miracles...

Erreurs de faits : on sait aujourd'hui que les prophéties se réduisent à des phrases métaphoriques, mal entendues, mal traduites, détournées de leur application, quelquefois même à des interpolations et des fraudes pieuses. On sait comment se forment les mythes, comment se fabriquent les légendes, comment s'organise un système religieux ; on sait enfin comment les dogmes commencent, comment les dogmes finissent.

Qu'eussent dit Pascal, Nicole, Arnauld, Saint-Cyran, ces illustres défenseurs de la religion, qui distinguaient avec tant de soin les questions de fait des questions de droit, affirmant avec toute l'Église que l'Église éclairée d'en haut pour l'exposition du dogme, peut être trompée sur des faits et des textes ; qu'eussent-ils répondu à qui leur eût démontré que tel est précisément le cas de l'Église, pour tout ce qui concerne les antiquités hébraïques, l'interprétation des Écritures, les causes de la formation du christianisme et les fondements de sa propre autorité ? Quelle distinction, quelle subtilité nouvelle eussent-ils inventée pour sauver, je ne dis pas la tradition, puisque la tradition est constante ; je ne dis pas non plus le dogme, puisque le dogme étant surhumain ne peut à Priori être nié ; mais les motifs de crédibilité du dogme ?

Cette manière d'argumenter par les faits est aujourd'hui la seule qui ait cours dans les masses : le peuple ne connaît rien à la métaphysique de Hume, de Rousseau, de d'Holbach : il a ri des plaisanteries de Voltaire, mais elles ne l'ont pas persuadé, Le peuple vient aux faits.

Jamais on ne parla tant de Jésus-Christ, dans le monde profane, que depuis dix ans : or, qu'en font ceux qui en parlent ? un sage, un essénien, un réformateur : personne ne s'avise d'en faire un dieu. Jésus, disent les communistes, fut une âme généreuse, dévorée de l'amour du peuple, et qui mourut pour une vérité sainte, pour le dogme de la fraternité. Dès lors il suffit : Jésus n'est plus qu'un saint révolutionnaire, ayant sa place à côté de Saint-Just, de Baboeuf ou de Socrate, selon la dévotion des gens. Cette idée, rapidement popularisée, enlève chaque jour des milliers d'adorateurs à la croix ; et le peuple, qui persiste à se dire chrétien, se trouve tout à coup déiste.

Une autre fois on s'empare de l'eucharistie : le redoutable sacrement ne paraît qu'un repas égalitaire, symbole d'association : l'interprétation court, et d'un seul mot le mystère de la communion, qui fit faire de si gros livres, est expliqué.

Chaque formule par laquelle le peuple exprime ses opinions nouvelles sur les dogmes de la religion, est un jugement clair, précis, par lequel il déclare que l'Église a erré, sur quoi ? Sur le dogme ? Non, mais sur le fait. Aussi cette exégèse nouvelle, simple comme l'esprit du vulgaire, s'empare des intelligences avec une force indomptable : partout où elle pénètre, l'Église compte une défection.

Et, ce qu'il importe de remarquer, le jugement du peuple embrasse le présent et l'avenir : tandis que la philosophie des habiles prédit une restauration religieuse, le rationalisme du peuple exclut toute religion ultérieure. Ainsi la Providence se joue de la sagesse de l'homme ! La religion s'était perpétuée parmi le peuple, malgré les railleries des philosophes : elle finit par la désertion du peuple, malgré les cris des philosophes.

(Création de l'ordre, p. 65-67).

Le christianisme condamnation
du moi humain

Le système des sociétés polythéistes, dans lequel la pensée religieuse, n'intervenant que comme auxiliaire de la Justice, était loin de produire toutes ses conséquences, pouvait se définir : Système de la prérogative personnelle, ou du Droit.

Le système chrétien, où la religion, parvenue à sa plénitude, est faite principe de la Justice et qu'il n'est permis à personne faisant profession de foi chrétienne de renier, peut se définir à son tour : Système de la déchéance Personnelle, ou du Non-Droit.

Ceci est autre chose qu'une vaine antithèse.

Le christianisme, importé d'Orient à une époque révolutionnaire, au moment où la Gaule, l'Espagne, l'Afrique, l'Asie, se soulevaient à la fois contre l'Empire, où les armées prétoriennes s'égorgeaient pour le choix de leurs césars ; le christianisme, saturé d'idées juives, égyptiennes, persanes, hindoues, expressions de la misère des peuples, du désespoir de la plèbe, de la dégradation des esclaves, devait nécessairement opérer cette interversion de l'idée juridique et de l'idée religieuse. Ce qui dans l'École pouvait n'être qu'une ré-crimination dialectique, passant dans les faits à la faveur de cir-constances exceptionnelles, est devenu pendant dix-huit siècles la formule officielle de la morale ; il ne pouvait y en avoir d'autre.

Je l'avouerai même, la dégradation de la personne humaine, démesurément exaltée sous l'ancien culte, était une nécessité de l'époque et une condition du progrès.

La justice, on le voit par l'exemple des enfants et des sauvages, est de toutes les facultés de l'âme la dernière et la plus lente à se former ; il lui faut l'éducation énergique de la lutte et de l'adversité. Pour arriver à la vraie notion du juste, pour qu'il comprît et aimât à l'égal de sa propre dignité la dignité d'autrui, il fallait que l'intrai-table moi fût dompté par une discipline de terreur ; et puisque cette discipline ne pouvait se produire que sous forme religieuse, il fallait créer, à la place d'une religion d'orgueil, une religion d'hu-milité.

L'ère chrétienne est la véritable ère de la chute de l'homme, je veux dire de la grande épreuve qui devait faire surgir de son âme le sen-timent complet de la justice.

Avant tout, le chrétien doit reconnaître son indignité, s'abaisser devant Dieu, accepter la mortification et la discipline, convenir qu'il a mérité toute espèce d'affront et de châtiment. Son premier acte, le premier mouvement de son cœur, est un acte de contri-tion, une demande de pardon, un recours en grâce. Ce n'est qu'à ce prix qu'il peut espérer, par le ministère du prêtre appréciateur de son repentir, interprète vis-à-vis de lui de la céleste miséricorde, et muni par grâce spéciale du pouvoir de lier et de délier, la remise de sa faute et l'exaucement de sa prière.

L'organisation des pouvoirs, dans la société chrétienne, suit la même marche.

Tandis que, suivant le système antérieur, le magistrat qui disait le droit avait le pas sur le pontife et l'augure, dans l'économie chrétienne c'est le prêtre qui a le pas sur le magistrat. Le prince n'est en réalité que le porte-glaive de l'Église ; l'empereur, évêque du dehors, est le valet du pape, évêque du dedans ; il tient la bride de son cheval et fait pour lui office de bourreau. Dès les premiers jours, on voit dans les confréries christicoles, d'abord synagogues, puis églises, l'évêque attirer à lui la décision des affaires, supplanter le juge civil, détourner les fidèles des tribunaux établis. On peut voir dans Fleury les troubles, les dissensions,   les plaintes, causés par cette usurpation d'un pouvoir abusif et sans contrôle.

L'impulsion une fois donnée aux esprits, et les causes qui l'avaient produite continuant d'agir, rien ne pouvait arrêter cette étrange révolution.

Le christianisme, par son principe, par toute sa théologie, est la condamnation du moi humain, le mépris de la personne, le viol de la conscience. De là à la profanation de la vie privée, au régime des billets de confession et de tout ce qui s'ensuit, il n'y a qu'un pas. L'état naturel de l'homme est un état de péché : comment le chrétien respecterait-il la personne de son frère, le prêtre celle de son ouaille, alors que tout chrétien doit se mépriser lui-même, et que le premier titre du prêtre à la fonction qu'il exerce est sa propre mésestime, quia respexit humilitatem ancillœ sue ? Pour relever cet être déchu et le rétablir en honneur, il ne faut pas moins que l'immolation d'une victime céleste, renouvelée chaque jour en un million de lieux à la fois. Tel est le dogme symbolisé dans la passion du Christ, et manifesté à chaque instant sur quelque point du globe par la messe.

Ainsi le christianisme, ayant à vaincre l'exagération du moi, devait en exagérer l'humiliation. Sa mission n'est pas d'établir la justice, mais de préparer le sol où elle doit germer, justumque terra germinet. Non seulement il l'exclut de l'humanité par sa théologie, il la rend impossible par l'anéantissement de la dignité personnelle, par toutes ses institutions et ses symboles. C'est un instinct universel chez toutes les nations de vouloir que leurs chefs soient entourés de gloire et de puissance : l'honneur rendu au prince semble un gage de la respectabilité du citoyen. Quel honneur attendre pour l'homme et pour la famille, partant quelle justice, dans une Église dont le chef s'intitule serviteur des serviteurs de Dieu, et donne aux princes du temporel à baiser sa pantoufle ?

(Justice, 2e Étude, p. 55-58.)

La pénitencerie catholique

La religion enseignant d'une part la sainteté infinie et inaltérable de l'Être divin, de l'autre la corruption innée, permanente et indélébile de l'être humain, n'admettant pas plus de cesse à la perversité de celui-ci que de limite à la perfection de celui-là, il s'ensuit que la vendetta exercée au nom du Dieu trois fois saint pour une coulpe ineffaçable doit durer autant que la vie du coupable, autant que l'humanité. L'affreux talion ne s'arrête pas même à la mort, il se perpétue pour les réprouvés par l'enfer, et ne finit pour les âmes élues qu'à leur sortie du Purgatoire, à ce moment de l'existence ultramontaine où l'inviolable Majesté, enfin satisfaite, dit à l'âme purifiée : Entre dans la joie de ton souverain, Intra in gaudium domini tui.

L'état de moralité, dans ce système, n'est pas de ce monde ; c'est le privilège des saints que le sang du Christ a rédimés, privilège qu'ils n'obtiennent qu'avec la béatitude. La moralité, ou la santé de l'âme, est la chose qui n'a jamais été révélée, qu'aucun œil n'a vue, aucune oreille entendue, aucune intelligence comprise ; le secret dont le chrétien ne jouira que le jour où, affranchi de ce corps de boue, il contemplera son Dieu, auteur et sujet de toute morale, face à face, sicuti est, facie ad faciem.

La conclusion vient toute seule.

Puisqu'en définitive, nous ne sommes moraux que dans le Paradis, la vie de l'homme sur la terre est dévouée aux supplices comme celle du galérien. Honte à l'humanité ! Telle est la devise du catholicisme, qui plus que les autres sectes s'est préservé des tentations libérales, aime à flétrir, à rabaisser, à couvrir d'ignominie. Il s'attaque à l'amour propre qu'il traite d'égoïsme ; à la dignité qu'il nomme orgueil ; aux affections naturelles qu'il considère comme une infidélité. Ce respect des autres, conséquence du respect de soi-même, si vif chez les anciens, et dont la violation rendit si méprisable les cyniques, il en a fait un vice, sous le nom de respect humain. Il est remarquable, en effet, qu'aucune religion ne s'est trouvée en guerre avec le respect humain autant que le catholicisme. La conscience sent vaguement qu'il y a là quelque chose de faux et d'insultant et elle proteste. Le catholicisme s'en irrite d'autant plus ; il vous met en pénitence, vous afflige, vous crucifie, vous confond, vous stigmatise, vous fleurdelise, vous anathématise. L'âme la plus chrétienne est celle qui du cœur le plus soumis accepte la fustigation ; la plus héroïque, celle qui se brise et s'avilit, et s'anéantit davantage. Pour vous rendre parfait à son point de vue, il vous poursuit dans votre conscience qu'il conspue, vous pourchasse dans votre volonté qu'il soufflète, vous arrête dans votre pensée qui vient de naître et qu'il condamne. Il se plaît à la recherche de vos misères, de vos fautes secrètes, de toutes ces peccadilles qui échappent au laisser-aller de la fantaisie, à l'indulgence de la nature et à sa promptitude, quas humana parum cavit natura ; il les enfle, il les grossit, les enlumine, les envenime. Puis il exige que vous vous en accusiez, que vous en demandiez pardon, que vous vous en fassiez absoudre ; c'est ce qu'il appelle vous réconcilier. Sinon, il vous confessera de force, il vous recommandera au prône, il vous affichera à la porte, il vous couvrira de votre péché comme d'un excrément. C'est ainsi du moins que les choses se passent dans ces maisons modèles qu'on voit se relever de tous côtés, et où le christianisme est pratiqué dans sa pureté et dans sa plénitude. Or, tout le monde sait que la tendance de l'Église a constamment été de soumettre les nations au régime des couvents. Faut-il rappeler ces moyens connus de la police épiscopale, plus en faveur que jamais : excommunications, monitoires, révélations des secrets du confessionnal, pénitences canoniques, et tout ce que renferme d'épouvantements ce nom inexpiable, la Sainte-Inquisition ? C'est la religion des soupçons iniques, des interprétations atroces, des diffamations anonymes, des procédures secrètes, des tribunaux masqués, des tortures souterraines, des cachots perpétuels, des in pace. Le cavaletto n'a-t-il pas été rétabli à Rome, tout récemment, par Pie IX ? Il faut à l'Église des supplices de choix, et c'est trop peu pour elle du supplice, elle y joint la dérision. Néron se contentait d'envoyer à Thraséa l'ordre de mourir ; le centurion ne mettait pas la main sur le proscrit. En 93, le Terreur se montra aussi réservée que Néron : le suicide n'étant pas dans nos mœurs, on chercha un genre de mort qui ne laissât pour ainsi dire rien à faire au bourreau. Devant le bûcher des Inquisiteurs la guillotine est trois fois sainte ; et la postérité n'oubliera pas que le plus grand crime de Carrier, aux yeux des terroristes, fut d'avoir déshonoré le supplice. L'Église n'a pas reculé même devant l'extermination par le fer et par le feu : c'est à son esprit de répression pénitentiaire et de sainte vengeance, plus qu'à sa politique, qu'il faut attribuer ses croisades contre des populations qui n'avaient d'autre tort que de réclamer une morale, et auxquelles elle répondait par les flammes d'Albi, les massacres des Alpes et de l'Apennin, les assassinats de la Saint-Barthélemy.

Convenons cependant d'une chose.

La pénitencerie chrétienne n'est plus guère aujourd'hui qu'une symbolique qui ne gêne en rien le bien-être et, le luxe, et l'humilité une vertu fictive, qu'on se rappelle en présence de Dieu, jamais, bien entendu, en présence de l'homme. Pour deux sous, une fois payés, on se rachète à Paris de tout le jeûne du carême ; la belle pénitence que de dîner une fois l'an, le vendredi saint, avec des lentilles à l'huile et un œuf sur le plat ! La belle humilité de s'agenouiller dans un cabinet, sur un prie-Dieu de velours, le corps vêtu de soie, la couronne ducale à côté sur un tabouret ! Les jésuites ont rendu depuis longtemps la dévotion aisée ; les joies de la vie ne sont plus défendues ; on a remplacé la pénitence effective par la pénitence en esprit ; et il est permis aux riches de goûter les plaisirs de ce monde sans préjudice de la félicité de l'autre, pourvu qu'ils gardent dans le cœur la foi, le détachement, la pénitence et l'humilité. Dans le cœur ! Ce n'est pas lourd. Dieu a-t-il donc besoin de nos macérations et de nos disciplines ? Non, pas plus que de nos libations et de nos sacrifices. Numquid manducabo carnes taurorum, aut sanguinem hircorum potabo ? Le sacerdoce sait cela depuis le temps des prophètes ; devenu aussi charnel que les disciples de Saint-Simon, il se moque à bon droit des railleries des libertins.

Mais voici qui devient sérieux.

Dans le christianisme, la condition des personnes n'est pas la même ; l'inégalité, comme nous verrons, est providentielle. Il est nécessaire qu'une partie, la plus nombreuse, de l'humanité, serve l'autre. Pour que ce service soit obtenu, il faut sacrifier la dignité humaine ; comment le peuple y consentira-t-il s'il n'y est amené par la religion, par la foi ? Subordination, hiérarchie, obéissance, service, exploitation de l'homme par l'homme, tout cela suppose déchéance, pénitence, sinon apparente, au moins dans l'esprit, ce qui est bien autrement grave et qui seul est essentiel ; abnégation du moi et de ses prérogatives.

Dans ce système d'une féodalité raffinée, on se gardera d'enseigner comme article de foi que les privilégiés ont plus de mérite devant Dieu que les sacrifiés, que les riches hommes sont d'origine plus sainte que les bons hommes, comme la plèbe dévote se nommait au douzième siècle. La religion ne commet pas de ces imprudences. On rejettera sur la Providence le décret qui privilégie ceux-ci en déshéritant ceux-là ; on rappellera aux premiers l'humilité devant Dieu, le sacrifice en esprit, la charité envers leurs frères, le rachat de leur prérogative temporelle par la foi et par le culte ; on apprendra aux seconds la résignation, en leur promettant d'ailleurs des dédommagements à leur misère dans la vie éternelle.

Ainsi, dit l'Église, le roi et le berger sont égaux devant le Tout-Puissant ; mais le roi a été établi d'en haut pour commander à ses frères. Ainsi le pape se nomme serviteur, quoique indigne, des serviteurs de Dieu, Ainsi ceux qui sont élevés en dignité, puissance et richesse, doivent reconnaître qu'ils ont tout reçu de Dieu par grâce, afin que les petits, qui pourraient ne pas respecter cette fortune venant de l'homme, la respectent venant de Dieu.

Tel est l'esprit de la société chrétienne. L'inférieur respecte dans le supérieur, non pas l'homme, mais un fonctionnaire du Ciel. De son côté le supérieur, considérant que celui à qui il commande est son frère en Jésus-Christ, semble lui dire : « Excusez-moi, mon frère, ce n'est pas en mon nom que je vous tyrannise, que je vous exploite, Dieu m'en garde ! J'ai plus que vous horreur du despotisme et du privilège. Et qui suis-je pour m'attribuer de semblables droits ? C'est la sagesse divine qui a ainsi réglé les choses. : Ommis potestas et omnis obedientia a Deo ! »

En Russie, le jour de Pâques, qui est le premier de l'an, le tzar, au sortir de la messe, donne le mot d'ordre à tout son peuple ; il prononce la profession de foi, Christ est ressuscité, et embrasse les premiers qu'il rencontre, lesquels transmettent le baiser aux autres. C'est le pendant de la profession de foi islamique : Il n'y a de Dieu qu'Allah, et Mahomet, ou le sultan son successeur, est son prophète. Ce qui veut dire en bon français : « Vile multitude, obéissez. »

(Justice, 2e étude, p. 63-68.)

Contre les restaurateurs de religions

Le dogme de l'Incarnation, développé et rendu populaire du premier au quatrième siècle de notre ère, semblait de nature à relever singulièrement notre espèce et à l'enorgueillir. Mais l'Incarnation était le corrélatif de la chute, dont le sentiment, l'emportant dans les âmes, produisit une tristesse mortelle. L'Apôtre en rend témoignage : « Nous savons, dit-il, que toute créature gémit et qu'elle est en travail » : Scimus enim quod omnis creatura ingemiscit, et Parturit usque adhuc (Rom., VIII, 22). Et encore : « La désolation du siècle produit la mort » : Sœculi tristitia mortem operatur (II Cor., VII, 10).

Quoi de plus horrible en effet qu'une doctrine dont le principe est qu'il n'y a pas, parmi les humains, d'âme foncièrement honnête ; que la Justice est étrangère à ce bas monde ; que la vertu n'appartient pas à l'humanité, et autres propos de misanthropie dévote ? Qu'attendre, pour la réforme des mœurs, de cette déclaration d'indignité universelle ? Au lieu de nous retirer de l'abîme, n'est-elle pas faite plutôt pour nous y enfoncer davantage ?

Nous aussi, génération du dix-neuvième siècle, nous avons épuisé la fureur des révolutions, la sottise des masses l'insolence des despotes, la rage des partis, l'égoïsme des exploiteurs, la manie gouvernementale et réglementaire. Nous assistons à la décomposition de nos mœurs. Et comme au temps des Césars, il ne manque pas de prédicants, néo-chrétiens, matérialistes, spiritualistes, panthéistes et athées, pour nous avertir de nous refaire une religion et une idole, attendu que nous ne pouvons rien attendre de bon de nous-mêmes, méchants et sots que nous sommes. Avec quelle surprise

Célestin Bouglé

nous avons vu des hommes qui se disaient révolutionnaires offrir, en guise de consolation, cette triste thèse à leurs amis abattus !

Il faut un nouveau culte, il faut de nouveaux fers
Il faut un nouveau dieu pour l'aveugle univers.

C'est la démocratie qui tient aujourd'hui ce langage de Mahomet. Comme si le dogme de la chute, comme si l'idée religieuse n'était pas devenue, pour toute l'Europe, le mot d'ordre de la contre-ré-volution elle-même ! Comme si ceux qui depuis 1848 ont le plus déclamé contre la canaille humaine n'étaient pas précisément ce que le siècle compte de plus dépravé !

Rassurez-vous, druide, mage, brahmane, ou qui que vous soyez : cette Révolution que vous avez défendue, apparemment sans la comprendre, elle est le sel qui, sans autre cérémonie, nous préserve de la pourriture finale, le ferment immortel qui rend notre vertu vivace et victorieuse. Que la contre-révolution triomphante nous retienne dans cette ignominie tant qu'elle pourra, que des nations y succombent, que la vieille Gaule en reste pour un temps déchue, une troisième phase religieuse est impossible. Vous le reconnaissez vous-même : une philosophie positive peut seule désormais parler à la raison des peuples. Or, qui dit philosophie, analyse, démons-tration, exclut le mystère, conséquemment le respect, religionem : car sans le respect l'idée théologique devient étrangère à la morale, et le dogme de la chute reste un non-sens.

(Justice, 2e étude p. 50-51.)

Dépravation de la morale publique
par le gouvernement providentiel

Avant de continuer cette revue, jetons un regard sur le chemin parcouru.

Le but de l'État est d'organiser, de rendre et de faire observer la justice. La Justice est l'attribut essentiel, la fonction principale de l'État. Le soin des intérêts généraux et de la défense ne sont pour l'État que des accessoires, des dépendances de sa faculté juridique.

La Justice, loi du monde matériel, intellectuel et moral, a pour formule l'égalité.

Mais, dans les deux premières périodes de la civilisation, sous le paganisme et le christianisme, l'égalité souffre une exception grave dans le fait généralement accepté de l'inégalité des fortunes.

Il en résulte que l'État, institué pour la Justice, se trouve en même temps obligé de défendre une chose qui de soi n'est pas juste, qui n'existe que par l'effet de l'ignorance et du préjugé, de sorte que l'action de l'État devient contradictoire. Placé entre des partis hostiles, dont l'un a pour lui la richesse, l'autre le nombre, après avoir été ballotté pendant quelque temps, il finit toujours par succomber. Puis, comme l'inégalité des conditions reste toujours, aux yeux des partis, le fait nécessaire, il arrive qu'au lieu de porter la réforme au siège même du mal, dans le monde des intérêts, on se contente de la porter dans le monde politique ; on modifie les constitutions, on change les dynasties, on passe de la monarchie à la démocratie et de la démocratie à la monarchie : on entoure, à chaque évolution, le gouvernement de quelque nouveau lien, qui le rend moins agissant et plus faible ; et toujours le gouvernement recommence à branler et se précipite sans que rien puisse le retenir. Telle est cette instabilité désespérante, phénomène le plus curieux et le plus apparent de l'histoire.

Pour expliquer cet état de choses, deux théories se produisent : la théorie païenne du fatum, et la théorie chrétienne de la Providence. On a vu en quoi elles consistent l'une et l'autre.

Les anciens réputaient l'inégalité des fortunes chose naturelle et fatale. De ce fatalisme, invincible, selon eux, ils déduisaient, le plus logiquement du monde, la nécessité de l'esclavage, la distinction des castes, l'omnipotence de l'État, finalement son instabilité. L'État, chargé de maintenir la justice et l'inégalité, ne pouvait ainsi avoir jamais tort : sa raison devait l'emporter sur toute autre raison, sa prérogative sur tout autre droit : c'est ce que nous avons appelé raison d'État.

Le christianisme, de son côté, vit dans l'inégalité des conditions un fait accidentel, résultant d'une prévarication première. Il considéra dès lors l'humanité comme étant dans un état de pénitence ; il dit que le Christ était venu pour nous préparer à la réhabilitation ; qu'à cette fin il avait remis son autorité à son Église, et créé dans cette Église deux pouvoirs corrélatifs, le pouvoir spirituel et le pouvoir temporel, en autres termes, le sacerdoce et l'empire. L'idée du fatalisme antique fut donc écartée ; un dogme nouveau prit place, le dogme de la Providence, dont la signification est que le monde, après avoir été créé dans une harmonie parfaite, est tombé, par la révolte de Satan et la prévarication de notre premier père, dans le désordre ; que c'est ainsi que l'inégalité est entrée dans le monde et que si ce grand organisme continue de marcher, c'est grâce à l'intervention incessante du Créateur, dont la prévoyance infatigable remet à chaque instant les choses à leur place, ranime le mouvement, entretient la vie, fait servir le désordre à l'ordre ; grâce surtout au mérite du sang de Jésus-Christ, qui a rendu l'homme plus disciplinable, moins esclave de la concupiscence de la chair et de l'orgueil de l'esprit.

Sous la loi païenne, l'humanité était irrémissiblement condamnée ; l'esclavage, la tyrannie, la distinction infranchissable des castes, l'antagonisme et l'instabilité des États, la croyance stupide au destin, étaient les signes de cette condamnation.

Sous la loi chrétienne, l'humanité est en voie de réhabilitation ; l'esclavage, en conséquence, est aboli ; la tyrannie remplacée par une Église au sein de laquelle les villes, les royaumes, les empires, les princes et les sujets, les nobles, les clercs, les bourgeois et les serfs, tous égaux en Christ et confondus en un même bercail spirituel, forment au temporel une vaste hiérarchie contre laquelle aucune force de Satan ne saurait prévaloir, aussi longtemps du moins qu'elle restera fidèle à la foi.

Mais, ainsi que nous l'avons fait remarquer, il y a ceci de commun entre les deux théories, que l'Église du Christ a aussi, comme l'Église du destin, sa raison d'État. Sa mission n'est plus de faire prévaloir, quand même, une loi de péché, une loi fatale ; elle est de diriger, à travers un monde malade, et malgré les difficultés suscitées à tout moment par une méchanceté diabolique, l'humanité au port du salut, tantôt en subissant une condition de malheur qu'il n'est au pouvoir de personne de changer, et en essayant de la faire servir à l'ordre divin et à la sanctification des âmes ; tantôt en créant, dans un autre esprit, des institutions qui servent aux fidèles de modèles et de refuges, qui entretiennent leur foi, leur charité et leur espérance.

Ici, comme autrefois, c'est donc toujours le principe d'autorité qui domine : cela est inévitable. La Justice est subordonnée à la raison d'État : l'État ne résulte point d'un contrat qui émane des citoyens et les oblige les uns envers les autres : il résulte du rapport de subordination exprimé par ces deux termes ; l'Autorité qui commande non plus au nom de la nécessité, mais au nom du salut ; et le sujet qui obéit. De même donc le gouvernement de la Providence dans l'univers est un gouvernement de réparations, de restaurations, de reprises, de réhabilitations, de prédestinations, de coups de théâtre ; de même le gouvernement, dans la chrétienté, est un gouvernement de dictature, de privilèges, de prérogatives, de palliatifs, d'expédients, de motu proprio, de police, d'exceptions, de coups de main : de sorte que le christianisme, qui devait, en rachetant l'humanité, réformer l'État, aboutit tout simplement à mettre dans l'État le bon plaisir à la place de la nécessité, et conséquemment à le rendre plus immoral qu'auparavant.

(Justice, 4e étude, p. 69-75.)

Le commentaire du Pater

Notre Père. - Je soutiens que ce Père n'est autre chose que l'âme elle-même, agrandie à ses propres yeux par la conception de l'idée sociale ou de la Justice, élevée, par cette conception du droit, à l'égal de la société même et qui, incapable de se reconnaître tout d'abord avec ce caractère sublime, s'interpelle sous un nom cabalistique, et se provoque à la vertu par la contemplation de son idéal. Qu'après cela, elle conçoive ce Père comme créateur de la nature, cela revient à dire qu'ayant atteint par la Justice le sentiment de l'infini, se posant elle-même comme infini, elle fait rentrer dans cet infini toute cause, toute idée, toute puissance, toute vie, parce que l'infini doit comprendre et que l'infini est un. L'âme alors, c'est le Moi absolu de l'égal, c'est Dieu.

Célestin Bouglé

Qui es aux cieux. - Quelqu'un dans le ciel ! Le juif, qui faisait le ciel de métal, et y logeait comme en un palais son Jéhovah, pouvait le croire ; païens et chrétiens du premier siècle, de même. De nos jours, cette localisation matérielle est impossible. Le ciel c'est partout et nulle part : au pied de la lettre, un non-sens. Il faut donc recourir encore à la figure : le ciel est le sommet de la création, la plus haute pointe de l'Olympe à plusieurs sommets, comme dit Homère, tout ce qu'il y a de plus élevé dans les règnes réunis de la nature. Père qui es aux cieux, cela signifie donc ; « Souveraine essence, source de toute Justice, élevée au-dessus de toutes les créatures ! » - C'est Dieu, direz-vous encore. - Vous allez vite en interprétation et vous vous contentez de bien peu de chose. L'âme ne peut croire, connaître et affirmer que ce dont elle a le sentiment ou l'expérience ; et la seule chose dont elle ait ici le sentiment, c'est elle-même, c'est son moi, que rien n'égale dans le inonde visible, et qu'elle découvre à travers le télescope de la contemplation transcendantale. L'âme agit ici comme l'enfant qui, apprenant à parler, avant de dire moi, se désigne à la troisième personne : conclurez-vous, sur la parole naïve de cet enfant, qu'il est double ?

Que ton nom soit sanctifié. - Le nom, suivant l'énergie du style oriental, est la même chose que la définition, c'est-à-dire l'essence. Or, à qui peut convenir ici le vœu de sanctification ? À Dieu ? C'est impossible. Dieu, malgré tous les blasphèmes et toutes les idolâtries, est inviolable. L'âme pense donc en réalité autrement qu'elle ne s'exprime, et quand elle dit à son Père : « Que ton nom soit sanctifié », c'est comme si elle disait : « Que par la contemplation de ma pure essence je me sanctifie et me rende de plus en plus semblable à moi-même, à mon type, à mon idéal » ! C'est, en autres termes, ce que l'oracle de Delphes recommandait, avec moins d'emphase, à l'homme pieux quand il lui disait : Connais-toi toi-même. Quelque violence. qu'on fasse aux mots, nous ne sommes plus dans le ciel. L sanctificateur nous fait descendre dans l'humanité : l'Évangile et la Pythie sont d'accord.

Que ton règne arrive. - Le règne de Dieu est éternel, dit l'Écriture ; il ne tombe pas dans le Temps. La proposition ne saurait donc regarder encore que l'homme, être progressif, susceptible de s'avancer indéfiniment dans la justice, et pour qui le règne de Dieu n'est autre chose que l'exaltation de sa propre essence, et le développement de sa liberté. Dieu, dans ce règne, n'a rien à faire.

Que ta volonté soit faite, sur la terre comme dans le ciel. -

La volonté du Tout-Puissant ne peut pas rencontrer d'obstacles : prise dans la rigueur du terme, la prière serait une impertinence. D'autre part, l'assimilation de la terre au ciel ne s'entend pas mieux à moins que la terre ne soit prise dans un sens figuré, comme nous avons vu tout à l'heure que le ciel était pris lui-même. Supposons donc qu'il s'agisse de la volonté, de l'âme juste, volonté sans reproche comme celle de Dieu, qui en est la figure ; la pensée qui, tout à l'heure, semblait dépourvue de sens, devient sublime. Que ta volonté ô mon âme, s'accomplisse dans la région inférieure de ma conscience, comme elle se produit dans les hauteurs de mon entendement ! Je vois le bien et je l'approuve, dit le Poète, video meliora proboque ; pourquoi faut-il que je suive le mal ? deteriora sequor. Est-ce le hasard qui a formé dans le Pater, d'un côté cette suite incohérente de pensées inintelligibles ; de l'autre, cette chaîne merveilleuse d'interprétations morales autant que rationnelles ?

Donne-nous aujourd'hui notre pain quotidien. - L'espèce humaine, courbée sous le péché, est mendiante ; c'est tout son argument en faveur de la Providence. Mais il est impossible, avec la foi la plus robuste, d'admettre une divinité occupée de ces soins quotidiens. Dieu a établi, dès l'éternité et pour l'éternité, l'ordre du monde ; il ne le change pas au gré de nos désirs, pas plus que selon notre mérite ou notre démérite. Nous tombons donc de plus en plus dans l'anthropomorphisme, inadmissible à la foi orthodoxe. Mais ce redoublement aujourd'hui et quotidien, pour dire au jour le jour, à fur et mesure, si choquant en Dieu, l'Être absolu, est d'une haute philosophie appliquée à l'être qui passe, à l'humanité. Il signifie, en se rapportant aux propositions antérieures, que, si l'ordre moral (divin) considéré dans son ensemble, est réglé selon l'éternité, dans l'application il ne se réalise que selon le temps. Donne-moi aujourd'hui mon Pain quotidien, c'est-à-dire fais-moi connaître, aujourd'hui, et dans toutes les circonstances de ma vie, ce que j'ai à faire pour obéir à l'ordre éternel. Le Christ ne dit-il pas qu'il est le pain de vie ? C'est la loi de travail pour les individus, de transition

Célestin Bouglé

pour les sociétés, la plus disciplinaire, la plus morale de toutes les lois.

Et remets-nous nos dettes. - Quel compte entre Dieu et l'homme ? Quel bail passé entre le fini et l'infini, le nécessaire et le contingent, l'absolu et le relatif ? Où est écrit ce contrat ? Qui en a rédigé les articles ? Qui l'a signé pour moi ? Qui en réglera les parties ? Quelle redevance stipulée entre l'auteur des choses et son fermier ? Je ne revendique point le domaine éminent de cette terre que je laboure en la trempant de mes sueurs : la nature qui m'y a jeté, et le travail, dont elle me fait une loi, sont tous mes titres. Mais je ne connais pas le propriétaire... Ce premier membre de phrase est inintelligible : voyons la suite.

Comme nous les remettons à nos débiteurs. - La corrélation est flagrante. Ainsi mes rapports avec Dieu sont établis en raison de mes rapports avec mes semblables. Comme je leur aurai fait, il me fera. Pour la seconde fois l'ordre d'en haut est déclaré être la contrepartie de celui d'en bas, mais avec cette différence que, tout à l'heure c'était ma volonté qui devait se régler sur celle de son Dieu, son modèle, sicut in cœlo et in terrâ, et que maintenant c'est la volonté de ce Dieu qui annonce devoir agir selon la mienne. Qui nous expliquera cette énigme ? Restez dans la littéralité, et je vous défie d'en trouver la clef. Revenez au sens topique, et vous vous inclinerez une fois de plus. L'âme qui prie s'exhorte au bien par la contemplation de sa beauté essentielle ; mais en même temps elle se reconnaît sujette à faiblir, dans les luttes quotidiennes de la vie animale. Comment se relèvera-t-elle de ses chutes ? Par l'amour. Point de justification pour l'homme qui n'aime pas, c'est-à-dire qui ne pardonne point, car c'est tout un, qui ne cherche pas tout à la fois la réalisation de la Justice en lui-même et dans ses frères. Un tel homme n'est pas un saint ; c'est un hypocrite, un apostat. Sauvez-vous par la charité, cette parole de l'Évangile, mise en chanson, est le principe de la Justice nouvelle, qui arrive à la purification par le pardon, à l'encontre de la Justice des anciens temps, qui ne savait que haïr et se venger.

Et ne nous laisse pas choir dans la tentation, mais délivre-nous... - Ceci n'a plus besoin de commentaire. Que le sentiment de notre céleste beauté nous ravisse à la tyrannie des attractions inférieures : voilà le sens. C'est une reprise des premières phrases de l'Oraison, une ritournelle dans le goût des antiennes religieuses, et d'après les règles de la versification hébraïque. Les théologiens ont bâti là-dessus leur théorie de la grâce efficace, sans laquelle l'homme ne peut faire le bien ni se relever de ses chutes, mais qui ne manque jamais à celui qui la demande : littéralisme absurde, destructif de toute morale comme de toute philosophie.

Du Malin. - Au dernier mot, l'allégorie se montre à découvert. Comme l'idéalité vertueuse a été personnifiée sous le nom de Père, l'idéalité contraire est personnifiée sous celui du Mauvais. L'une des deux personnifications emporte l'autre ; et la prière, allant de la thèse à l'antithèse, mais en restant toujours sur le terrain de l'allégorie, finit comme elle a commencé. Les chrétiens, à l'exemple des mages, ont fait du péché un être réel, créé selon les uns, incréé selon les autres, irréconciliable ennemi du Père, dont toutes les facultés, passions et jouissances, sont pour le bien. C'était logique. Qui affirme Dieu, affirme le diable ; mais comme le siècle ne croit plus au diable, et que l'Église elle-même semble en avoir honte, on me permettra de dire à mon tour que, qui nie le diable nie Dieu, en tant du moins que précepteur, modèle et juge de notre moralité : car tout le reste je l'abandonne.

Amen. - Mot hébreu qui signifie vraiment. Quoi : vraiment, cette enfilade d'idées mystagogiques, incompréhensibles, je parle de l'Oraison dominicale d'après l'interprétation chrétienne ; cette apocalypse, ce galimatias, ce serait le sommaire de ma foi, la règle de ma raison, le soutien de ma vertu, le gage de mon immortalité ! O Père qui es dans le Ciel ! Vraiment, si j'étais chrétien, je te réciterais sept fois le jour la prière que le Christ, ton fils putatif, nous a apprise, seulement pour en obtenir de toi l'intelligence.

(Justice, 5e étude, p. 28-34.)

La sanction morale et l'immanence

I. Quel est le sujet-objet de la loi morale, ou, pour parler comme les légistes, quel est le législateur ? - La conscience humaine, l'homme : nous l'avons démontré, en droit et en fait, d'abord par l'impossibilité de rapporter la Justice à un sujet extérieur, si saint et vénérable qu'il soit ; puis par les manifestations de la conscience

Célestin Bouglé

attestant elle-même son autorité législative, manifestations dont la théologie n'est que l'allégorie et le culte une symbolique.

2. Que veut la loi ? - Nous l'avons expliqué encore ; le respect de l'homme dans toutes ses facultés, l'équilibre des forces sociales, le développement de l'esprit libre, coefficient indispensable de l'harmonie de l'univers.

3. À quoi se reconnaît l'authenticité de la morale ? - À ce signe infaillible que tout, dans la conscience de l'homme et dans sa pensée, par suite dans l'ordre social, dans la marche des générations et jusque dans la nature, s'explique par la Justice, tandis que sans elle tout devient obscur et inintelligible. Le scepticisme moral a pour corollaire le scepticisme spéculatif ; la dépravation du cœur entraîne la dépravation de l'entendement.

4. Quelle est la sanction pénale attachée à la loi ? - Tout se réjouit dans l'homme, dans la société et dans la nature, quand la justice est observée ; tout souffre et meurt quand on la viole.

5. Cette sanction suffit-elle, dans tous les cas, à la récompense de la vertu, à l'expiation du crime et au redressement de l'erreur ? - Oui.

Ces trois dernières propositions, dont je ne ferai qu'une, ont reçu déjà en grande partie leur preuve, puisqu'il est impossible de raisonner sur l'objet d'une loi et sur ses applications sans en faire connaître en même temps les conséquences. Je me bornerai donc à remettre en saillie, sous formes de conclusions générales, ce que la discussion antérieure n'a fait qu'indiquer en passant.

La sanction morale, dans toutes les sphères où s'étend la justice, se pose donc, en général, sous la forme d'un dilemme : certitude ou doute, savoir ou ignorance, liberté ou servitude, civilisation ou barbarie, richesse ou misère, ordre ou anarchie, vertu ou crime, progrès ou décadence, vie ou mort ; la rémunération ou le châtiment toujours adéquats à l'œuvre produite, en sorte que, la sanction de la loi étant elle-même la loi, il implique contradiction qu'elle puisse être jugée insuffisante.

D'après la notion que nous venons de nous faire, la loi et le législateur sont un ; or, cette loi et ce législateur ne sont autres que l'homme ; donc l'homme est la loi vivante, consciente, personnifiée. La justice, en un mot, est l'humanité : voilà un premier point.

Mais la sanction pénale inhérente à la loi ne fait également qu'un avec la loi. Si donc la loi est violée, qui donc souffrira de la violation ? Qui élèvera la voix ? Qui portera plainte ? La loi elle-même, c'est-à-dire encore, l'homme.

Ceci va nous expliquer un phénomène d'un merveilleux intérêt, sur lequel la philosophie a discouru jusqu'à présent sans rien dire, je veux parler de la délectation qui accompagne dans le cœur de l'homme l'accomplissement de la justice, et du remords qui en suit la violation.

Tous les peuples ont cru, d'un sentiment spontané, qu'en ce qui concerne particulièrement la loi morale, lorsqu'elle est fidèlement observée, il y a quelqu'un qui s'en réjouit ; lorsqu'elle est foulée aux pieds, quelqu'un qui s'en offense. Et ce quelqu'un, conformément à leurs habitudes mentales, ils l'ont placé dans le ciel. « Là-haut, dit Job, est celui qui me regarde et qui note ce que je fais » : Ecce enim in cœlo testis meus, et conscius meus in excelsis. Pensée sublime, devant laquelle l'opinion des déistes, qui font Dieu indifférent aux affaires humaines, paraît du dernier absurde. Certes, s'il est un esprit infini, une âme universelle, qui personnifie en soi la loi des mondes, cet esprit s'affecte de tout ce qui arrive dans la création ; Dieu, le bienheureux des bienheureux, est en même temps, quand nous péchons, le plus affligé des êtres.

Mais que signifie, pour nous qui considérons surtout en Dieu la conscience de l'humanité, ce magnifique symbole ? C'est que l'homme, quand la vertu le délecte ou que le péché la tourmente, se réjouit ou pâtit, non pas en sa qualité de serf de la loi, attendant punition ou récompense de son souverain, comme le donnent à entendre les moralistes : il souffre, il pâtit, en qualité de souverain, en qualité de législateur. C'est parce que l'homme est le sujet de la loi, l'être en qui' elle existe, comme l'attraction dans la matière, que le crime commis par autrui et au préjudice d'autrui ne le trouve jamais indifférent. Cette loi violée, c'est lui-même : c'est, sa dignité législative qui est atteinte, c'est sa personne. Aux explications que nous avons données (Études II et VIII) de la nature du sens moral, vient se joindre maintenant celle qui se déduit de la notion philosophique de la loi : de toute manière, la théorie de l'immanence a gain de cause.

Célestin Bouglé

(Justice, 12e étude, p. 12-15.)

La religion du travail

Recueillons notre pensée.

Quelle est l'intuition fondamentale du génie humain ?

L'idée d'équilibre. Tous les instruments rudimentaires du travail sont des variétés du levier ; c'est le point immuable auquel se ramène toute opération industrielle. Detur mihi punctum, et terram movebo.

Comment sous la provocation de la spontanéité s'est éveillée l'intelligence ?

Par la pratique inévitable de l'analyse. Tous les instruments du travail sont des instruments analytiques ; toute opération industrielle se résout en une production ou une rupture d'équilibre.

L'idée abstraite est sortie de l'analyse forcée du travail : avec elle le signe, la métaphysique, la poésie, la religion, et finalement la science, qui n'est que le retour de l'esprit à la mécanique industrielle.

Le plan de l'instruction ouvrière, sans préjudice de l'enseignement littéraire qui se donne à part et en même temps, est donc tracé : il consiste, d'un côté, à faire parcourir à l'élève la série entière des exercices industriels, en allant des plus simples aux plus difficiles, sans distinction de spécialité ; de l'autre, à dégager de ces exercices l'idée qui y est contenue, comme autrefois les éléments des sciences furent tirés des premiers engins de l'industrie, et à conduire l'homme, par la tête et par la main, à la philosophie du travail, qui est le triomphe de la liberté. Par cette méthode, l'homme d'industrie, homme d'action et homme d'intelligence tout à la fois, peut se dire savant et philosophe jusqu'au bout des ongles : en quoi il surpasse, de la moitié de sa taille, le savant et le philosophe proprement dits.

La science, en effet, considérée en elle-même, n'est qu'un instrument pour l'industrieux. Cette réduction à de simples signes, à quelques formules abstraites, de tant d'observations, d'expérience, d'entreprises, d'efforts, qui constitue le savoir réfléchi de l'humanité, a pour but de loger dans un cerveau de trois ou quatre décimètres cubes une somme d'idées qui autrement ne tiendraient pas dans une tête grosse comme le globe. À qui donc servirait cette masse de connaissances, si ce n'est à l'homme d'exécution ? Nos écoles d'application, si sottement imaginées pour faire suite aux écoles de pure théorie, le prouvent du reste.

Eh ! ne voyez-vous pas que, si l'homme ne possède aucune industrie native, comme l'abeille, la fourmi, le castor, si la nature s'est bornée à lui souffler pour tout génie l'intuition de l'égalité, de l'équilibre, de l'harmonie, image de la Justice qui possède sa conscience, c'est qu'elle le prédestinait à une industrie universelle, autant élevée au-dessus de l'instinct animal que l'Univers est au-dessus de la monade ?

Voilà ce que n'a pas vu, ou dont n'a pas su tenir compte, la phrénologie, mesurant le génie aux dimensions du crâne : elle ne prend pas garde que l'intelligence est essentiellement analytique ; que toutes ses conquêtes, elle les fait et les garde au moyen de l'analyse ; que par conséquent le volume du cerveau n'est nullement en rapport avec la multitude des idées, genres, espèces, groupes, séries, qu'il doit loger ; il suffit que la faculté analytique soit bien tranchante ; de même que pour abattre une forêt il n'est pas besoin d'une hache grosse comme une montagne ; il suffit qu'elle coupe.

Tirons les conséquences.

L'enseignement industriel réformé suivant les principes que nous venons d'établir, je dis que la condition du travailleur change du tout au tout ; que la peine et la répugnance inhérentes au labeur dans l'état actuel s'effacent graduellement devant la délectation qui résulte pour l'esprit et le cœur du travail même, sans parler du bénéfice de la production, garanti d'autre part par la balance économique et sociale.

Avec une corde grosse comme le petit doigt, un enfant, s'il parvient à l'enrouler seulement une fois autour d'un piquet ou d'un arbuste, arrêtera un taureau ; avec une pierre emmanchée au bout d'un bâton, il l'assommera ; avec une flèche, ailée comme sa pensée, il atteindra l'oiseau sur l'arbre où celui-ci semble le défier ; avec un levier grand comme son corps, il déracinera un rocher et le précipitera du haut en bas de la montagne.

Célestin Bouglé

Le premier qui en fit l'essai dut éprouver une joie indicible. C'est l'Apollon vainqueur du serpent ; toute fatigue a disparu ; le corps du dieu touche à peine la terre, le dédain gonfle ses narines, le génie brille sur son visage. L'univers fuit devant son geste; mais il le saisit du regard, il le tient au bout de sa flèche; eût-il perdu ses armes, il les retrouverait dans la paume de sa main.

Le lendemain, le surlendemain, tous les jours, nouvelle invention, nouvelle victoire. Il marche d'enchantement en enchantement, et plus il multiplie ses œuvres, plus il étend son domaine et ajoute à sa félicité.

Les enfantements de l'industrie sont les fêtes de l'humanité. La plus longue vie, en consacrant une heure à la répétition de chaque découverte, n'en épuiserait pas la nomenclature.

Oh ! Si la communion sociale, si la solidarité humaine n'est pas un vain mot, que peut être l'éducation du travailleur, que sera son labeur quotidien, sa vie tout entière, sinon de refaire incessamment en son particulier, en y ajoutant ce qui lui viendra de son inspiration, ce qu'ont fait ses pères ? Ils ont semé dans l'enthousiasme, il recueille dans la félicité.

Je demande donc pourquoi, l'apprentissage devant être la démonstration théorique et pratique du progrès industriel, depuis les éléments les plus simples jusqu'aux constructions les plus compliquées, et le travail de l'ouvrier, compagnon ou maître, n'ayant qu'à continuer, sur une plus vaste échelle, ce qu'aura commencé l'apprentissage, je demande pourquoi la vie entière du travailleur ne serait pas une jouissance perpétuelle, une procession triomphale ?

Ce n'est plus ici cet attrait qui devait, selon Fourier, jaillir, comme un feu d'artifice, du milieu de séries de groupes contrastés, des intrigues de la cabaliste et des évolutions de la papillonne.

C'est une volupté intime, à laquelle le recueillement de la solitude n'est pas moins favorable que les excitations de l'atelier et qui résulte, pour l'homme de travail, du plein exercice de ses facultés : force du corps, adresse des mains, prestesse de l'esprit, puissance de l'idée, orgueil de l'âme par le sentiment de la difficulté vaincue, de la nature asservie, de la science acquise, de l'indépendance assurée ; communion avec le genre humain par le souvenir des anciennes luttes, la solidarité de l'œuvre et la participation égale au bien-être.

Le travailleur, dans ces conditions, quelque lien qui le rattache à la création, quels que soient ses rapports avec ses semblables, jouit de la plus haute prérogative dont un être puisse s'enorgueillir : il existe par lui-même. Rien de commun entre lui et la multitude des bêtes, consommant sans produire, fruges consumere natœ. Il ne reçoit rien de la nature qu'il ne le métamorphose ; en l'exploitant, il la purge, la féconde, l'embellit ; il lui rend plus qu'il ne lui emprunte. Fût-il enlevé du milieu de ses frères, transporté avec sa femme et ses enfants dans la solitude, il retrouverait en soi les éléments de toute richesse, et reformerait à l'instant une nouvelle humanité.

Pourquoi, dès lors, le travail, développé et entretenu selon les principes de la genèse industrielle, remplissant toutes les conditions de variété, de salubrité, d'intelligence, d'art, de dignité, de passion, de légitime bénéfice, qui sont de son essence, ne deviendrait-il pas, même au point de vue du plaisir, préférable à tous les jeux, danses, escrimes, gymnases, divertissements et autres balançoires que la pauvre Humanité a inventées afin de se remettre, par un léger exercice du corps et de l'âme, de la fatigue et de l'ineptie que la servitude du labeur lui cause ? N'aurions-nous pas alors vaincu la fatalité dans le travail, comme nous l'avons vaincue précédemment dans la politique et l'économie ?

On objecte : la vie du sauvage, quand elle n'est pas tourmentée par la famine, les maladies, la guerre, se passe, il est vrai, dans une allégresse perpétuelle. Il est libre ; dans la mesure de son intelligence il peut se dire le roi de la création, et l'on conçoit que son instinct se refuse à changer d'état.

Les ravissements du civilisé, chaque fois qu'il dérobe à la nature un de ses secrets, ou que par la spontanéité de son industrie il triomphe de l'inertie de la matière, sont plus grands encore. Comparaison faite des avantages et des inconvénients de la vie sauvage et de la vie civilisée, la balance est incontestablement en faveur de la dernière.

L'idée de faire jouir le travailleur, en pleine civilisation, de l'indépendance édénique et des bienfaits du travail, par une éducation simultanée de l'intelligence et des organes, qui, le dotant de la totalité de l'industrie acquise, lui assurerait par là même la plénitude de sa liberté, cette idée est irréprochable assurément comme conception d'une portée immense.

Toutes les spécialités du travail humain sont fonctions les unes des autres ; ce qui fait de la totalité industrielle un système régulier, et de toutes ces industries divergentes hétérogènes, sans rapport apparent, de cette multitude innombrable de métiers et de professions, une seule industrie, un seul métier, une même profession, un même état.

Le travail, un et identique dans son plan, est infini dans ses applications, comme la création elle-même.

Rien n'empêche donc que l'apprentissage de l'ouvrier ne soit dirigé de telle sorte qu'il embrasse la totalité du système industriel, au lieu de n'en saisir qu'un cas parcellaire.

Les conséquences d'une semblable pédagogie seraient incalculables. Abstraction faite du résultat économique, elle modifierait profondément les âmes et changerait la face de l'humanité. Tout vestige de l'antique déchéance s'effacerait, le vampirisme transcendantal serait tué, l'esprit prendrait une physionomie nouvelle, la civilisation monterait d'une sphère. Le travail serait divin, il serait la religion.

(Justice, 6e étude p. 97-102.)

Les litanies de la femme

La femme est la conscience de l'homme personnifiée. C'est l'incarnation de sa jeunesse, de sa raison et de sa justice, de ce qu'il y a en lui de pur, de plus intime, de plus sublime et dont l'image vivante, parlante et agissante lui est offerte, pour le réconforter, le conseiller, l'aimer sans fin et sans mesure. Elle naquit de ce triple rayon qui, partant du visage, du cerveau et du cœur de l'homme, et devenant corps, esprit et conscience, produisit, comme idéal de l'humanité, la dernière et la plus parfaite des créatures.

Et pourquoi, encore une fois, cette création poétique, dans laquelle la nature semble avoir agi plutôt en artiste qu'en économe ? Pourquoi fallait-il que l'homme eût sans cesse devant ses yeux, tout auprès de son cœur, cette idole de lui-même, et comme son âme en personne ?

Je l'ai dit tout à l'heure, en faisant l'analyse des qualités de la femme ; mais il est bon que je le redise.

La femme a été donnée à l'homme pour lui servir d'auxiliaire : Faciamus ei adjutorium simile sibi, dit la Genèse. Non que la femme doive aider l'homme à gagner son pain : c'est le contraire qui aura lien. La capacité productrice de la femme n'est pas le tiers de celle de l'homme (8 à 27) ; le revenu de la communauté, produit du travail des deux époux, étant représenté par 35, la dépense de la femme sera au moins moitié, 17,5, et dès qu'il y aura des enfants, 20, 25, 30. Plus la société se civilise, plus la dépense relative de la femme augmente : au fond l'homme, content de réparer et d'entretenir sa machine, ne travaille que pour sa femme et ses enfants.

La femme est un auxiliaire pour l'homme, parce qu'en lui montrant l'idéalité de son être elle devient pour lui un principe d'animation, une grâce de force, de prudence, de justice, de patience, de courage, de sainteté, d'espérance, de consolation, sans laquelle il serait incapable de soutenir le fardeau de la vie, de garder sa dignité, de remplir sa destinée, de se supporter lui-même.

La première femme, mère d'amour, fut nommée Héva, Zoé, Vie, selon la Genèse, parce que la femme est la vie de l'humanité, plus vivante que l'homme en toutes ses manifestations. La seconde femme a été dite Eucharis, pleine de grâces, gratiâ plena, fille d'Anna (la gracieuse) ; celle-ci est l'auxiliaire, l'épouse... Les descriptions amoureuses ne vont point à ma plume ; qu'on me permette de m'en tenir à la symbolique chrétienne, qui est, après tout, ce que je connais de mieux sur cette question délicate.

La femme est l'auxiliaire de l'homme, d'abord dans le travail, par ses soins, sa douce société, sa charité vigilante. C'est elle qui essuie son front inondé de sueur, qui repose sur ses genoux sa tête fatiguée, qui apaise la fièvre de son sang et verse le baume sur ses blessures. Auxilium christianorum, Salus infirmorum. Elle est sa sœur de charité. Oh ! Qu'elle le regarde seulement, qu'elle assaisonne de sa tendresse le pain qu'elle lui apporte : il sera fort comme deux, il travaillera pour quatre. Il ne souffrira pas qu'elle se déchire à ces ronces, qu'elle se souille dans cette boue, qu'elle s'essouffle, qu'elle sue. Honte et malheur à lui, s'il faisait labourer sa femme ! Plus savante que les philosophes, la nature n'a pas formé le couple travailleur de deux êtres égaux ; elle a prévu qu'une paire de compagnons ne feraient rien, ils s'amuseraient.

Si peu que sa femme l'appuie, le travailleur vaut comme deux ; c'est un fait dont chacun peut se convaincre que, de toutes les combinaisons d'atelier, celle qui donne la plus grande somme de travail proportionnellement aux frais est le ménage.

Auxiliaire du côté de l'esprit, par sa réserve, sa simplicité, sa prudence, par la vivacité et le charme de ses intuitions, la femme n'a que faire de penser elle-même : se figure-t-on une savante cherchant dans le ciel les planètes perdues, calculant l'âge des montagnes, discutant des points de droit et de procédure ? La nature, qui ne crée pas de doubles emplois, a donné un autre rôle à la femme : c'est par elle, c'est par la grâce de sa divine parole que l'homme donne la vie et la réalité à ses idées en les ramenant sans cesse de l'abstrait au concret ; c'est dans le cœur de la femme qu'il dépose le secret de ses plans et de ses découvertes, jusqu'au jour où il pourra les produire dans leur puissance et leur éclat. Elle est le trésor de sa sagesse, le sceau de son génie : Mater divinœ gratiœ, Sedes sapientiœ, Vas spirituale, Virgo prudentissima.

Auxiliaire du côté de la justice, elle est l'ange de patience, de résignation, de tolérance, Virgo clemens, Virgo fidelis ; la gardienne de sa foi, le miroir de sa conscience, la source de ses dévouements : Fœderis arca, Speculum justitiœ, Vas insigne devotionis. L'homme de la part de l'homme ne supporte ni critique ni censure ; l'amitié même est impuissante à vaincre son obstination. Bien moins encore souffrira-t-il dommage et injure : seule la femme sait le faire revenir et le dispose au repentir comme au pardon.

Contre l'amour même et ses entraînements la femme, chose merveilleuse, est pour l'homme l'unique remède, soit par la honte qu'elle lui inspire lorsqu'elle se refuse, soit qu'elle le fasse repentir de son indiscrétion en se livrant et s'enlaidissant. La litanie redouble ici d'insistance : Mater purissima, Mater castissima, Mater inviolata, Mater intemerata, Virgo prœdicanda.

De quelque côté qu'il la regarde, elle est la forteresse de sa conscience, la splendeur de son âme, le principe de sa félicité, l'étoile de sa vie, la fleur de son être : Turris eburnea, Domus aurea,

Janua cœli, Stella matutina, Rosa mystica. Quelle puissance dans ses regards ! Virgo potens. Qu'elle est délicieuse, appuyée sur le bras de son fiancé ! Quoe est ista quoe ascendit de deserto, deliciis affuens, innixa super dilectum suum ? Qu'elle est imposante dans sa démarche, et radieuse, Et comme il est ému auprès d'elle ! Quasi aurora consurgens, pulchra ut luna, electa ut sol, terribilis ut castrorum acies ordinata ! Que lui fait l'éloge de ses pareils ? La femme seule peut l'honorer et le réjouir : Vas honorabile Causa nostroe lœtitioe. Seule elle peut lui dire : je te récompenserai au delà de tes mérites. Ego ero merces tua magna nimis. Vaincu, coupable, c'est encore dans le sein de la femme qu'il trouve la consolation et le pardon ; elle seule peut lui tenir compte de l'intention et du bon vouloir, découvrir dans ses passions des motifs d'excuse, chose que néglige la justice des hommes : Refugium peccatorum, Consolatrix afflictorum. Elle seule enfin, dans la persécution, la vengeance et la haine, sollicitera pour lui sans abaisser sa fierté, fera valoir son repentir et ses douleurs, et sa constance : Regina martyrum, Regina confessorum... jamais je n'ai pu entendre chanter ces litanies sans un frisson de volupté, et je regarde comme un bonheur que la jeunesse, qui d'ailleurs ne s'en soucie guère, n'y comprenne rien. O Pia ! O regina ! C'est à devenir fou d'amour ; et l'amour, même inspiré par la religion, même sanctionné par la Justice, je ne l'estime qu'autant qu'il m'est une élévation de cœur, une excitation à bien faire : l'amour en lui-même, je ne l'aime pas.

Vous le voyez, Monseigneur, c'est le christianisme, c'est l'Église, c'est vous-même, qui, sans le savoir, m'allez fournir la théorie du mariage. Acceptez-en l'hommage, et puisse la femme devenir la médiatrice de notre réconciliation !

(Justice, IIe étude, p. 107-110.)

L'idée de paternité

Par la génération, l'idée du droit prend un premier accroissement : d'abord, dans le cœur du père. La paternité est le moment décisif de la vie morale. C'est alors que l'homme s'assure dans sa dignité, conçoit la Justice comme son vrai bien, comme sa gloire, le monument de son existence, l'héritage le plus précieux qu'il puisse laisser à ses enfants. Son nom, un nom sans tache, à faire passer comme un titre de noblesse à la postérité, telle est désormais la pensée qui remplit l'âme du père de famille.

Il y a dans l'amour un moment d'enthousiasme que ne connaissent ni le sensualiste voluptueux, ni l'amant platonique, c'est quand, après les premiers jours de bonheur, l'homme est saisi tout à coup, au sein des joies conjugales, de l'idée de paternité. Relisez dans Milton la prière d'Adam appelant la bénédiction du ciel sur son premier enfant : les sens, l'idéal, l'amour, tout a disparu ; il n'est resté que la Charité et la Conscience, déesses des unions saintes et des conceptions immaculées. Toutes les nations ont consacré cette fête sublime de la paternité par une institution qu'une Justice rigoureuse a dû plus tard abroger, la primogéniture.

L'enfant est donné, Parvulus natus est nobis ; c'est un présent des dieux, A deo-datus, une incarnation de la divinité présente, Emmanuel. On le nourrit de lait et de miel, jusqu'à ce qu'il apprenne à discerner le bien du mal : Butyrum et mel comedet, donec sciat eligere bonum et reprobare malum ; c'est la religion de la Justice qui poursuit son développement. Comment, dans l'accomplissement de ce devoir sacré, l'homme ne sentirait-il pas sa noblesse ? Comment la femme ne deviendrait-elle pas splendide ?

De l'époux à l'épouse, la Justice a établi déjà, sans préjudice pour l'amour, une certaine subordination ; du père et de la mère aux enfants, cette subordination augmente encore et fonde la hiérarchie familiale, mais pour s'affaiblir plus tard et se résoudre, après la mort des parents, dans l'égalité fraternelle. Cela veut dire que pendant le premier âge la Justice est une foi et une religion, non une philosophie et une comptabilité : aussi le respect de l'homme pour l'homme, dégagé maintenant des excitations de l'amour et de l'idéal, atteint son apogée dans le cœur des enfants sous le nom a jamais consacré de piété filiale. Père de famille, tu dois être un jour le premier et le meilleur ami de ton fils ; ne te hâte pas trop cependant, si tu veux courir le risque de son ingratitude. La plus sûre garantie que tu puisses te donner de l'amitié de ce fils, lorsqu'il sera devenu homme, c'est la prolongation de son respect. Ainsi le mariage, par le rapport mystérieux de la force et de la beauté, forme une première juridiction ; la famille, par la communauté de conscience qui régit ses membres, par la similitude d'esprit et de caractère, par l'identité du sang, par l'unité d'action et d'intérêt, en forme une seconde : c'est un embryon de république, où l'égalité commence à poindre sous l'autorité hiérarchique, mais viagère, de la mère et du père. Dans ce petit État, les droits et devoirs pour chacun se déduiront de la théorie du pacte conjugal : pas n'est besoin d'en rapporter les formules.

Le dernier mot de cette constitution, moitié physiologique, moitié morale, c'est l'hérédité : n'est-ce pas une honte pour notre XIXe siècle qu'il faille encore la défendre ? L'humanité, qui se renouvelle continuellement dans ses individus, est immuable dans sa collectivité, dont chaque famille est une image. Qu'importe alors que le gérant responsable change, si le vrai propriétaire et usufruitier, si la famille est perpétuelle ? Bien loin de restreindre la successibilité, je voudrais, en faveur des amis, des associés, des compagnons, des confrères et des collègues, des domestiques eux-mêmes, l'étendre encore. Il est bon que l'homme sache que sa pensée et son souvenir ne mourront pas : aussi bien n'est-ce pas l'hérédité qui rend les fortunes inégales, elle ne fait que les transmettre. Faites la balance des produits et des services, vous n'aurez rien contre l'hérédité.

(Justice, IIe étude, p. 117-119.)

Célestin Bouglé

Chapitre III

POLITIQUE ET ÉCONOMIE

Force collective et pouvoir social

D. - Toute manifestation couvre une réalité : qu'est-ce qui fait la réalité du pouvoir social ?

R. - C'est la force collective.

D. - Qu'appelez-vous force collective ?

R. - Tout être, par cela seul qu'il existe, qu'il est une réalité, non un fantôme, possède en soi, à un degré quelconque, la faculté ou propriété, dès qu'il se trouve en présence d'autres êtres, d'attirer et d'être attiré, de repousser et d'être repoussé, de se mouvoir, d'agir, de penser, de produire, à tout le moins de résister, par son inertie, aux influences du dehors.

Cette faculté ou propriété, on la nomme force.

Ainsi la force est inhérente, immanente à l'être : c'est son attribut essentiel, et qui seul témoigne de sa réalité. Otez l'attraction, nous ne sommes plus assurés de l'existence des corps.

Or, les individus ne sont pas seuls doués de force ; les collectivités ont aussi la leur.

Pour ne parler ici que des collectivités humaines, supposons que des individus, en tel nombre qu'on voudra, d'une manière et dans un but quelconque, groupent leurs forces : la résultante de ces forces agglomérées, qu'il ne faut pas confondre avec leur somme, constitue la force ou puissance du groupe.

D. - Donnez des exemples de cette force.

R. - Un atelier, formé d'ouvriers dont les travaux convergent vers un même but, qui est d'obtenir tel ou tel produit, possède, en tant qu'atelier ou collectivité, une puissance qui lui est propre : la preuve, c'est que le produit de ces individus ainsi groupés est fort supérieur à ce qu'eût été la somme de leurs produits particuliers, s'ils eussent travaillé séparément.

Pareillement, l'équipage d'un navire, une société en commandite, une académie, un orchestre, une armée, etc., toutes ces collectivités, plus ou moins habilement organisées, contiennent de la puissance, puissance synthétique et conséquemment spéciale au groupe, supérieure en qualité et en énergie à la somme des forces élémentaires qui la composent.

Du reste, les êtres auxquels nous attribuons l'individualité n'en jouissent pas à d'autre titre que les collectifs : ce sont toujours des groupes formés sur une loi de relation, et en qui la force, proportionnelle à l'arrangement autant au moins qu'à la masse, est le principe de l'unité.

D'où l'on conclut au contraire de l'ancienne métaphysique : 1° Que toute manifestation de puissance étant le produit d'un groupe ou d'un organisme, l'intensité et la qualité de cette puissance peuvent servir, aussi bien que la forme, le son, la saveur, la solidité, etc., à la constatation et au classement des êtres ; 2° qu'en conséquence, la force collective étant un fait aussi positif que la force individuelle, la première parfaitement distincte de la seconde, les êtres collectifs sont des réalités au même titre que les individus.

D. - Comment la force collective, phénomène ontologique mécanique, industriel, devient-elle puissance politique ?

R. - D'abord, tout groupe humain, famille, atelier, bataillon, peut être regardé comme un embryon social ; par conséquent la force qui est en lui peut, dans une certaine mesure, former la base du pouvoir politique.

Mais ce n'est pas en général du groupe tel que nous venons de le concevoir que naît la cite, l'État. L'État résulte de la réunion de plusieurs groupes différents de nature et d'objet, formés chacun pour l'exercice d'une fonction spéciale et la création d'un produit particulier, puis ralliés sous une loi commune et dans un intérêt identique. C'est une collectivité d'ordre supérieur, dans laquelle chaque groupe, pris lui-même pour individu, concourt à développer une force nouvelle, qui sera d'autant plus grande que les fonctions associées seront plus nombreuses, leur harmonie plus parfaite et la prestation des forces, de la part des citoyens, plus entière.

En résumé, ce qui produit le pouvoir dans la société et qui fait la réalité de cette société elle-même, est la même chose que ce qui produit la force dans les corps, tant organisés qu'inorganisés, et qui constitue leur réalité, à savoir le rapport des parties. Supposez une société dans laquelle tout rapport viendrait à cesser entre les individus, oh chacun pourvoirait à sa subsistance dans un isolement absolu : quelque amitié qui existât entre ces hommes, quelle que fût leur proximité, leur multitude ne formerait plus un organisme, elle perdrait toute réalité et toute force. Semblable à un corps dont les molécules auraient perdu le rapport qui détermine leur cohésion, au moindre choc elle tomberait en poussière.

D, - Dans le groupe industriel, la force collective s'aperçoit sans difficulté : l'accroissement de production la démontre. Mais dans le groupe politique, à quel signe la reconnaître ? En quoi se distingue-t-elle de la force des groupes ordinaires ? Quel est son produit spécial, et de quelle nature sont ses effets ?

R. - De tout temps le vulgaire a cru voir la puissance sociale dans le déploiement des forces militaires, dans la construction des monuments, l'exécution des travaux d'utilité publique.

Mais il est clair, d'après ce qui vient d'être dit, que toutes ces choses, quelle qu'en soit la grandeur, sont des effets de la force collective ordinaire : peu importe que les groupes producteurs, entretenus aux frais de l'État, soient à la dévotion du prince, ou qu'ils travaillent pour leur propre compte. Ce n'est pas là que nous devons chercher les manifestations de la puissance sociale.

Les groupes actifs qui composent la cité différant entre eux d'organisation, comme d'idée et d'objet, le rapport qui les unit n'est plus tant un rapport de coopération, qu'un rapport de commutation. La force sociale aura donc pour caractère d'être essentiellement commutative ; elle n'en sera pas moins réelle.

(Justice, 4° étude, p. 111-114.)

Plus d'autorité

L'idée capitale, décisive, de cette Révolution, n'est-elle pas, en effet : plus d'autorité, ni dans l'Église, ni dans l'État, ni dans la terre, ni dans l'argent ?

Or, plus d'autorité, cela veut dire ce qu'on n'a jamais vu, ce qu'on n'a jamais compris, accord de l'intérêt de chacun avec l'intérêt de tous, identité de la souveraineté collective et de la souveraineté individuelle.

Plus d'autorité ! c'est-à-dire dettes payées, servitudes abolies, hypothèques levées, fermages remboursés, dépenses du Culte, de la Justice et de l'État supprimées ; crédit gratuit, échange égal, association libre, valeur réglée ; éducation, travail, propriété, domicile, bon marché garantis ; plus d'antagonisme, plus de guerre, plus de centralisation, plus de gouvernements, plus de sacerdoces. N'est-ce pas la société sortie de sa sphère, marchant dans une position renversée, sens dessus dessous ?

Plus d'autorité ! C'est-à-dire encore le contrat libre à la place de la loi absolutiste ; la transaction volontaire au lieu de l'arbitrage de l'État ; la Justice équitable et réciproque, au lieu de la Justice souveraine et distributive ; la morale rationnelle, au lieu de la morale révélée ; l'équilibre des forces, substitué à l'équilibre des pouvoirs ; l'unité économique à la place de la centralisation politique. Encore une fois, n'est-ce point là ce que j'oserai appeler une conversion complète, un tour sur soi-même, une Révolution ?

Quelle distance sépare ces deux régimes, on peut en juger par la différence de leurs styles.

L'un des moments les plus solennels dans l'évolution du principe d'autorité est celui de la promulgation du Décalogue. La voix de l'ange commande au peuple, prosterné au pied du Sinaï :

« Tu adoreras l'Éternel, lui dit-il, et rien que l'Éternel ;

« Tu ne jureras que par lui ;

« Tu chômeras ses fêtes, et tu lui paieras la dîme ;

« Tu honoreras ton père et ta mère ;

« Tu ne tueras pas ;

« Tu ne voleras point ;

« Tu ne forniqueras pas ;

« Tu ne commettras point de faux ;

Célestin Bouglé

« Tu ne seras point envieux et calomniateur ;

« Car l'Éternel l'ordonne, et c'est l'Éternel qui t'a fait ce que tu es. L'Éternel seul est souverain, seul sage, seul digne ; l'Éternel punit et récompense, l'Éternel peut te rendre heureux et malheureux. »

Toutes les législations ont adopté ce style, toutes, parlant à l'homme, emploient la formule souveraine. L'hébreu commande au futur, le latin à l'impératif, le grec à l'infinitif. Les modernes ne font pas autrement. La tribune de M. Dupin est un Sinaï aussi infaillible et aussi redoutable que celui de Moïse ; quelle que soit la loi, de quelque bouche qu'elle parte, elle est sacrée, dès lors qu'elle a été prononcée par cette trompette fatidique, qui chez nous est la majorité.

« Tu ne te rassembleras pas ;

« Tu n'imprimeras pas ;

« Tu ne liras pas ;

« Tu respecteras tes représentants et tes fonctionnaires que le sort du scrutin ou le bon plaisir de l'État t'aura donnés ;

« Tu obéiras aux lois que leur sagesse t'aura faites ;

« Tu payeras fidèlement le budget ;

« Et tu aimeras ton gouvernement, ton seigneur et ton Dieu, de tout ton cœur, de toute ton âme et de toute ton intelligence : parce que le Gouvernement sait mieux que toi ce que tu es, ce que tu vaux, ce qui te convient, et qu'il a le pouvoir de châtier ceux qui désobéissent à ses commandements, comme de récompenser jusqu'à la quatrième génération ceux qui lui sont agréables. »

O personnalité humaine ! Se peut-il que pendant soixante siècles tu aies croupi dans cette abjection ? Tu te dis sainte et sacrée, et tu n'es que la prostituée, infatigable, gratuite, de tes valets, de tes moines et de tes soudards. Tu le sais, et tu le souffres ! Être gouverné, c'est être gardé à vue, espionné, dirigé, légiféré, réglementé, parqué, endoctriné, prêché, contrôlé, estimé apprécié, censuré, commandé, par des êtres qui n'ont ni le titre, ni la science, ni la vertu... Être gouverné, c'est être à chaque opération, à chaque transaction, à chaque mouvement, noté, enregistré, recensé, tarifé, timbré, toisé, coté, cotisé, patenté, licencié, autorisé, apostillé, admonesté, empêché, réformé, redressé, corrigé. C'est, sous prétexte d'utilité publique, et au nom de l'intérêt général, être mis à contribution, exercé, rançonné, exploité, monopolisé, concussionné, pressuré, mystifié, volé ; puis, à la moindre résistance, au premier mot de plainte, réprimé, amendé, vilipendé, vexé, traqué, houspillé, assommé, désarmé, garrotté, emprisonné ; fusillé, mitraillé, jugé, condamné, déporté, sacrifié, vendu, trahi, et pour comble, joué, berné, outragé, déshonoré. Voilà le gouvernement, voilà sa justice, voilà sa morale ! Et dire qu'il y a parmi nous des démocrates qui prétendent que le gouvernement a du bon ; des socialistes qui soutiennent, au nom de la Liberté, de l'Égalité et de la Fraternité, cette ignominie ; des prolétaires qui posent leur candidature à la présidence de la République ! Hypocrisie !

Avec la Révolution, c'est autre chose.

La recherche des causes premières et des causes finales est éliminée de la science économique comme des sciences naturelles

L'idée du Progrès remplace, dans la philosophie, celle de l'Absolu.

La Révolution succède à la Révélation.

La Raison, assisté de l'Expérience, expose à l'homme les lois de la Nature et de la Société ; puis, elle dit :

Ces lois sont celles de la nécessité même. Nul homme ne les a faites ; nul ne te les impose. Elles ont été peu à peu découvertes, et je n'existe que pour en rendre témoignage.

Si tu les observes, tu seras juste et bon ;

Si tu les violes, tu seras injuste et méchant.

Je ne te propose pas d'autre motif.

Déjà, parmi tes semblables, plusieurs ont reconnu que la justice était meilleure, pour chacun et pour tous, que l'iniquité : et ils sont convenus entre eux de se garder mutuellement la foi et le droit, c'est-à-dire de respecter les règles de transaction que la nature des choses leur indique comme seule capable de leur assurer, dans la plus large mesure, le bien-être, la sécurité, la paix.

Veux-tu adhérer à leur pacte ? faire partie de leur société ?

Promets-tu de respecter l'honneur, la liberté et le bien de tes frères ?

Promets-tu de ne t'approprier jamais, ni par la violence, ni par fraude, ni par usure, ni par agiotage, le produit ou la possession d'autrui ?

Promets-tu de ne mentir et tromper jamais, ni en justice, ni dans le commerce, ni dans aucune de tes transactions ?

Tu es libre d'accepter ou de refuser.

Si tu refuses, tu fais partie de la Société des sauvages. Sorti de la communion du genre humain, tu deviens suspect.

Rien ne te protège. À la moindre insulte, le premier venu peut te frapper, sans encourir d'autre accusation que celle de sévices inutilement exercés contre une brute.

Si tu jures le pacte, au contraire, tu fais partie de la société des hommes libres. Tous tes frères s'engagent avec toi, te promettent fidélité, amitié, secours, service, échange. En cas d'infraction, de leur part ou de la tienne, par négligence, emportement, mauvais vouloir, vous êtes responsables les uns envers les autres du dommage, ainsi que du scandale et de l'insécurité dont vous aurez été cause : cette responsabilité peut aller, suivant la gravité du parjure ou la récidive, jusqu'à l'excommunication et la mort.

La loi est claire, la sanction encore plus. Trois articles, qui n'en font qu'un, voilà tout le contrat social. Au lieu de prêter serment à Dieu et à son prince, le citoyen jure sur sa conscience, devant ses frères et devant l'humanité. Entre ces deux serments, il y a la même différence qu'entre la servitude et la liberté, la foi et la science, les tribunaux et la justice, l'usure et le travail, le gouvernement et l'économie, le néant et l'être, Dieu et l'homme.

(Idée générale de la Révolution au XIXe siècle, p. 342-345. Éd. Berthod, Nouv. éd. des Oeuvres de Proudhon, Rivière.)

La réforme politique
et la réforme sociale

D'après la théorie du suffrage universel, l'expérience aurait prouvé que la classe moyenne, qui seule exerçait naguère les droits politiques, ne représente pas le Peuple ; loin de là, qu'elle est, avec la monarchie, en réaction constante contre le Peuple.

POLITIQUE ET ÉCONOMIE

On conclut que c'est à la nation, tout entière, à nommer ses re-présentants.

Mais, s'il est ainsi d'une classe d'hommes que le libre essor de la société, le développement spontané des sciences, des arts, de l'industrie, du commerce ; la nécessité des institutions, le consentement tacite ou l'incapacité notoire des classes inférieures ; d'une classe enfin que ses talents et ses richesses désignaient comme l'élite naturelle du Peuple ; qu'attendre d'une représentation qui, sortie de comices plus ou moins complets, plus ou moins éclairés et libres, agissant sous l'influence de passions locales, de préjugés d'État, en haine des personnes et des principes, ne sera, en dernière analyse, qu'une représentation factice, produit du bon plaisir de la cohue électorale ?

Nous aurons une aristocratie de notre choix, je le veux bien, à la place d'une aristocratie de nature ; mais aristocratie pour aristocratie, je préfère, avec M. Guizot, celle de la fatalité à celle du bon plaisir : la fatalité ne m'engage pas.

Ou plutôt, nous ne ferons que ramener, par un autre chemin, les mêmes aristocrates ; car, qui voulez-vous qu'ils nomment pour les représenter, ces compagnons, ces journaliers, ces hommes de peine, si ce n'est leurs bourgeois ? À moins que vous ne vouliez qu'ils les tuent !

Bon gré, mal gré, la prépondérance dans le gouvernement appartient donc aux hommes qui ont la prépondérance du talent et de la fortune ; et dès le premier pas, il devient évident que la réforme sociale ne sortira jamais de la réforme politique ; que c'est la réforme politique, au contraire, qui doit sortir de la réforme sociale.

L'illusion de la démocratie provient de ce qu'à l'exemple de la monarchie constitutionnelle, elle prétend organiser le Gouvernement par voie représentative. Ni la Révolution de juillet, ni celle de février, n'ont suffi pour l'éclairer. Ce qu'elle veut, c'est toujours l'inégalité des fortunes, toujours la délégation du souverain, toujours le gouvernement des notabilités. Au lieu de dire, comme M. Thiers : Le Roi règne et ne gouverne pas, la démocratie dit : Le Peuple règne et ne gouverne pas, ce qui est nier la Révolution.

Ce n'est pas pourtant parce qu'il s'opposait à la réforme électorale, que M. Guizot est tombé, emportant dans sa chute la dynastie et

Célestin Bouglé

le trône ; c'est parce que, dans la conscience publique, la constitution était usée et qu'on n'en voulait plus. L'ensemble des réformes demandées par l'Opposition prouve, ainsi que je l'ai fait voir, que c'était à la Charte, bien plus qu'au ministère qu'on s'attaquait ; c'était à quelque chose de plus élevé encore que la Charte, c'était à la constitution même de la société..

Lors donc qu'à une monarchie représentative, on parle aujourd'hui de substituer une démocratie représentative, on ne fait pas autre chose que changer la phrase : Belle marquise, vos beaux yeux me font mourir d'amour, en cette autre : Vos yeux beaux, belle marquise, mourir d'amour me font ; et l'on peut dire, suivant l'expression de l'Atelier, que la Révolution est escamotée.

Mais, patience ! S'il peut sembler difficile, en ce moment, d'échapper à cette alternative gouvernementale, l'embarras ne sera pas de longue durée. Le représentatif est tombé dans les barricades pour ne se relever jamais. La démocratie constitutionnelle s'en est allée avec la monarchie constitutionnelle. Le mois de février, suivant l'étymologie latine, est le mois des enterrements. La réforme sociale amènera la réforme politique ; l'intelligence de la première implique l'intelligence de la seconde. Nous aurons le Gouvernement du Peuple par le Peuple, et non par une représentation du Peuple ; nous aurons, dis-je, la République, ou nous périrons une seconde fois par la démocratie.

(Solution du problème social, p. éd. Lacroix, 38-43.)

La banque du peuple

La Banque du peuple a été fondée en opposition des théories du Luxembourg, aussi bien que des théories absolutistes et malthusiennes : il est étrange qu'on veuille en faire aujourd'hui un moyen de féodalité communautaire et de gouvernementalisme mercantile ? Créez le crédit gratuit, le crédit qui assure à la fois, à chaque producteur, sans aucune condition d'association solidaire, l'instrument de travail et de débouché : et la communauté, le gouvernement de l'homme par l'homme, sous toutes les formes et à tous les degrés, devient à jamais impossible.

La question économique était simplifiée par la Banque du peuple

POLITIQUE ET ÉCONOMIE

d'une manière frappante. Plus de communisme, de saint-simo-
nisme, de fouriérisme, de néo-christianisme, de mysticisme. Il
s'agissait uniquement de savoir, abstraction faite des conséquences,
si la circulation des valeurs pouvait s'opérer gratuitement ou non ;
si cette circulation était licite ou illicite ; si le capital avait le droit
de réclamer contre la concurrence de la mutualité ; si les travailleurs, quelle que fût la divergence des théories d'organisation qu'on
leur présentait, accepteraient une combinaison de crédit qui, du
premier coup, les affranchissait d'un prélèvement de six milliards,
ou s'ils la repousseraient. Ici, les déclamations réactionnaires sur
la famille et la propriété n'avaient plus de prise ; les projets d'association, de phalanstère, de colonisation, ne paraissaient qu'en
sous-œuvre : toute la question était réduite au bon marché, à la
gratuité des capitaux. Le paysan comprenait alors qu'autre chose
est d'abolir l'usure, de réduire progressivement, par une concurrence établie entre le capital circulant et le capital immobilier, le
prix du fermage ; et autre chose, de déposséder les entrepreneurs et
propriétaires, sans utilité publique et sans indemnité. Le problème
recevait ainsi une solution pacifique et légale : la Révolution pas-
sait sans blesser ni alarmer personne.

Les trois mois de janvier, février et mars 1849, pendant lesquels
le principe du crédit gratuit a été sinon appliqué et développé, du
moins formulé, concrété et jeté dans la conscience publique par
la Banque du peuple, ont été le plus beau temps de ma vie : je les
regarderai toujours, quoi que le ciel ordonne de moi, comme ma
plus glorieuse campagne. Avec la Banque du peuple pour centre
d'opérations, une armée industrielle s'organisait, innombrable, sur
le terrain paisible des affaires, hors de la sphère des intrigues et des
agitations politiques. C'était vraiment le nouveau monde, la société
de promission, qui, se greffant sur l'ancienne, la transformait peu
à peu, à l'aide du principe jusqu'alors obscur qu'elle lui empruntait.
Malgré la sourde hostilité des écoles rivales, malgré l'indifférence
du parti montagnard, dont l'attention était absorbée par la politique, le chiffre des adhésions à la Banque du peuple s'était élevé,
en six semaines, à près de vingt mille, représentant une population d'au moins soixante mille personnes. Et les journaux de l'Économie politique anglaise, parce qu'ils jugent d'une opération de
commerce par le nombre des commanditaires, non par l'étendue

Célestin Bouglé

de la clientèle et du débouché, ont osé faire gorges chaudes d'un ajournement que la retraite forcée du directeur rendait nécessaire ! Se figure-t-on ce que pouvaient vingt mille producteurs, qui, sous toutes réserves pour chaque adhérent de sa liberté d'action et de sa responsabilité personnelle, centralisaient la circulation de toutes les valeurs produites par eux ou consommées ?

La Banque du peuple ne coûtait rien aux citoyens, rien à l'État. Elle pouvait un jour rendre à celui-ci un revenu de 800 millions, tandis qu'elle garantissait aux autres un débouché toujours ouvert, un travail sans fin. Il faudra bien un peu plus tôt, un peu plus tard, appeler au secours de l'État obéré, du Pays désolé, cette féconde institution, à laquelle je défie les routiniers du commerce et de la finance de se soustraire, comme je défie les soi-disant socialistes d'y rien substituer. Mais auparavant, nous aurons dépensé des centaines de millions en assistance, armement, frais de transportation, de colonisation, de répression, d'incarcération ; nous aurons essayé de toutes les chimères économiques les plus ridicules, les plus vexatoires, les plus ruineuses, bons hypothécaires, circulation fictive, emprunts à grosse usure, impôts de toute espèce, progressif, somptuaire, sur le revenu, l'hérédité, etc., pour finir par la banqueroute

Ainsi va l'humanité quand elle est livrée à ses préjugés, et administrée par ses routiers et des hâbleurs. Il faut que notre malheureux pays souffre, souffre encore, souffre toujours, pour la gloire d'une poignée de pédants ignares et la satisfaction des jésuites. Ceux qui l'épuisent ainsi et qui l'assassinent, on les appelle conservateurs ; et nous, qui, pour le préserver des plus horribles catastrophes, ne lui demandions qu'un peu de tolérance, nous sommes les ennemis de la famille et de la propriété ! Ironie.

(Confessions d'un révolutionnaire, éd. Lacroix, p. 214-221.)

L'échange direct

Les Produits ne s'échangent que contre des produits : cet aphorisme de l'économie politique ne rencontre plus, aujourd'hui, de contradicteurs. Socialistes et économistes sont d'accord du fait et de la loi : c'est le terrain commun où devront se concilier les théories, et les opinions se réunir dans une même doctrine.

L'échange est direct ou indirect.

Un fabricant de fauteuils, demeurant à Paris, a besoin d'une pièce de vin, en même temps qu'un marchand de vins, demeurant à Bordeaux, a besoin de fauteuils. Les deux producteurs peuvent échanger leurs produits respectifs en se les envoyant mutuellement. Voilà l'échange direct.

Mais supposez, ce qui est le cas le plus ordinaire, que l'un des deux échangistes n'ait pas besoin du produit de l'autre ; que, par exemple, le marchand de vins de Bordeaux, au lieu de fauteuils, demande du calicot : l'échange n'est plus possible. Le Parisien payera son vin en argent, et, avec cet argent, le Bordelais fera venir de Mulhouse l'étoffe qui lui est nécessaire. Voilà l'échange indirect.

Or, cet échange, que le défaut d'un commun lien de crédit rend nécessairement indirect, s'opérerait directement, et sans intermédiaire, s'il était possible à tous les échangistes d'un même pays, à tous ceux qui ont besoin d'acheter et de vendre, de se connaître. Supposons, par exemple, que le Parisien, le Mulhousien et le Bordelais aient connaissance, au même instant, qu'ils ont chacun besoin, le premier d'une pièce de vin, le second de fauteuils, le troisième d'une certaine quantité de calicot : il est clair que l'échange se pourra faire entre eux, sans aucune intervention de l'argent. Le fabricant de Paris enverra ses fauteuils au fabricant de Mulhouse, qui, de son côté, enverra son calicot au fabricant de Bordeaux, lequel, à son tour, expédiera son vin à Paris. Au lieu de trois échangistes, mettez-en cent mille, et ce sera la même chose : l'échange ne cessera pas d'être direct.

Que faut-il donc pour rendre possible l'échange direct, non pas seulement entre trois, quatre, six, dix ou cent échangistes, mais entre cent mille, mais entre tous les producteurs et consommateurs de l'univers ?

Une chose très simple : centraliser toutes les opérations de commerce au moyen d'une banque dans laquelle seront reçus toutes les lettres de change, mandats et billets à ordre, représentant les factures des négociants ; puis généraliser ou convertir ces obligations en un papier qui en serait l'équivalent, qui, par conséquent, aurait lui-même pour gage les produits ou valeurs réelles que ces obligations représentent.

Le papier de banque, ainsi formé, aurait toutes les qualités du papier le plus solide.

Il ne serait point sujet à dépréciation, puisqu'il ne serait délivré que contre bonnes valeurs et lettres de change acceptables, et qu'il reposerait ainsi, non pas sur des produits fabriqués, mais sur des produits vendus et livrés, dont, par conséquent, le remboursement serait exigible.

Il n'aurait rien à redouter de l'excès d'émission, puisqu'il ne serait délivré que contre papier de commerce de première qualité, c'est-à-dire contre promesse certaine et authentique de remboursement.

Il ne serait refusé par personne, puisque, par le fait de la centralisation des échanges, par l'adhésion de tous les citoyens à la banque, il représenterait pour chacun une valeur égale à celle qu'il aurait à payer bientôt lui-même en papier de banque.

Le fait le plus remarquable à. noter dans cette constitution de la banque, ce n'est pas tant l'idée en elle-même, idée aussi simple, plus simple peut-être que celle qui a donné naissance à la monnaie, que la coïncidence de l'emploi du numéraire avec le règne de la propriété féodale et avec l'organisation monarchique des sociétés.

Nous l'avons fait observer déjà plusieurs fois, et nous ne saurions trop le redire : tant que la famille a dû vivre, par son activité propre et comme un petit monde clos, sur la propriété, la propriété a été le principe et la pierre angulaire de l'ordre social. Alors la rareté des échanges, la pauvreté des transactions nécessitèrent l'emploi exclusif du numéraire. L'agent circulatoire devait porter avec soi sa garantie et répondre de son acceptation. Ce fut l'âge de l'or, comme c'était l'âge des royautés.

Mais quand, par la multiplicité du travail, par la séparation des industries, par la fréquence des échanges, la circulation fut devenue le fait capital de l'économie des nations, la propriété individuelle devint, comme nous l'avons dit, un obstacle à la vie collective et l'emploi du numéraire ne fut plus, dans la circulation, que le signe du privilège et du despotisme, de même que la prérogative royale fut le signe de la corruption et de l'arbitraire.

Ainsi, la société, en se développant, détruit ou transforme ses

POLITIQUE ET ÉCONOMIE

créations antérieures : c'est quand nous aurons acquis la pleine intelligence de cette loi que les révolutions pourront s'opérer pacifiquement.

La royauté, la propriété, le numéraire, voilà la trinité monarchique que nous avons à démolir ; voilà la triple négation dans laquelle se résume pour nous, tout entière, l'œuvre révolutionnaire commencée en février.

Car, ainsi que nous aurons lieu de le démontrer par la suite, toute négation, c'est-à-dire toute réforme dans la religion, la philosophie, le droit, la littérature, l'art se ramènent à la négation de l'idée purement subjective, à la négation de la propriété. Et la propriété abolie, on verra, pour employer le langage vulgaire, ce que nous entendons mettre à la place de la propriété, à la place de l'autorité, à la place de Dieu.

(Solution du problème social, p. 182-185.)

Du Contrat à la Fédération

Le contrat politique n'acquiert toute sa dignité et sa moralité qu'à la condition : 1° d'être synallagmatique et commutatif ; 2° d'être renfermé, quant à son objet, dans certaines limites : deux conditions qui sont censées exister sous le régime démocratique, mais qui, là encore, ne sont le plus souvent qu'une fiction. Peut-on dire que dans une démocratie représentative et centralisatrice, dans une monarchie constitutionnelle et censitaire, à plus forte raison dans une république communiste, à la manière de Platon, le contrat politique qui lie le citoyen à l'État soit égal et réciproque ? Peut-on dire que ce contrat, qui enlève aux citoyens la moitié ou les deux tiers de leur souveraineté et le quart de leur produit, soit renfermé dans de justes bornes ? Il serait plus vrai de dire, ce que l'expérience confirme trop souvent, que le contrat, dans tous ces systèmes, est exorbitant, onéreux puisqu'il est, pour une partie plus ou moins considérable, sans compensation ; et aléatoire, puisque l'avantage promis, déjà insuffisant, n'est pas même assuré.

Pour que le contrat politique remplisse la condition synallagmatique et commutative que suggère l'idée de démocratie ; pour que, se renfermant dans de sages limites, il reste avantageux et com-

mode à tous, il faut que le citoyen en entrant dans l'association : 1°
ait autant à recevoir de l'État qu'il lui sacrifie ; 2° qu'il conserve
toute sa liberté, sa souveraineté et son initiative, moins ce qui est
relatif à l'objet spécial pour lequel le contrat est formé et dont on
demande la garantie à l'État. Ainsi réglé et compris, le contrat politique est ce que j'appelle une fédération.

FÉDÉRATION, du latin fœdus, génitif fœderis, c'est-à-dire pacte,
contrat, traité, convention, alliance, etc., est une convention par
laquelle un ou plusieurs chefs de famille, une ou plusieurs communes, un ou plusieurs groupes de communes ou États, s'obligent
réciproquement et également les uns envers les autres pour un ou
plusieurs objets particuliers, dont la charge incombe spécialement
alors et exclusivement aux délégués de la fédération [1].

Revenons sur cette définition.

Ce qui fait l'essence et le caractère du contrat fédératif, et sur
quoi j'appelle l'attention du lecteur, c'est que dans ce système les
contractants, chefs de famille, communes, cantons, provinces ou
États, non seulement s'obligent synallagmatiquement et commu-
tativement les uns envers les autres, ils se réservent individuelle-
ment, en formant le pacte, plus de droits, de liberté, d'autorité, de
propriété, qu'ils n'en abandonnent.

Il n'en est pas ainsi, par exemple, dans la société universelle de
biens et des gains, autorisés par le Code civil, autrement dite
communauté, image en miniature de tous les États absolus. Celui
qui s'engage dans une association de cette espèce, surtout si elle
est perpétuelle, est entouré de plus d'entraves, soumis à plus de

---

1Dans la théorie de J.-J. Rousseau, qui est celle de Robespierre et des jacobins, le
Contrat social est une fiction de légiste, imaginée pour rendre raison, autrement
que par le droit divin, l'autorité paternelle ou la nécessité sociale, de la formation de
l'État et des rapports entre le gouvernement et les individus. Cette théorie, emprun-
tée aux calvinistes, était en 1764 un progrès, puisqu'elle avait pour but de ramener
à une loi de raison ce qui jusque-là avait été considéré comme une appartenance de
la loi de nature et de la religion. Dans le système fédératif, le contrat social est plus
qu'une fiction ; c'est un pacte positif, effectif, qui a été réellement proposé, discuté,
voté, adopté, et qui se modifie régulièrement à la volonté des contractants. Entre le
contrat fédératif et celui de Rousseau et de 93, il y a toute la distance de la réalité à
l'hypothèse.
(Note de Proudhon.)

charges qu'il ne conserve d'initiative. Mais c'est aussi ce qui fait la rareté de ce contrat, et ce qui dans tous les temps a rendu la vie cénobitique insupportable. Tout engagement, même synallagmatique et commutatif, qui, exigeant des associés la totalité de leurs efforts, ne laisse rien à leur indépendance et les dévoue tout entiers à l'association, est un engagement excessif, qui répugne également au citoyen et à l'homme.

D'après ces principes, le contrat de fédération ayant pour objet, en termes généraux, de garantir aux États confédérés leur souveraineté, leur territoire, la liberté de leurs citoyens ; de régler leurs différends ; de pourvoir, par des mesures générales, à tout ce qui intéresse la sécurité et la prospérité commune, ce contrat, dis-je, malgré la grandeur des intérêts engagés, est essentiellement restreint. L'Autorité chargée de son exécution ne peut jamais l'emporter sur ses constituantes, je veux dire que les attributions fédérales ne peuvent jamais excéder en nombre et en réalité celles des autorités communales ou provinciales, de même que celles-ci ne peuvent excéder les droits et prérogatives de l'homme et du citoyen. S'il en était autrement, la commune serait une communauté ; la fédération redeviendrait une centralisation monarchique ; l'autorité fédérale, de simple mandataire et fonction subordonnée qu'elle doit être, serait regardée comme prépondérante ; au lieu d'être limitée à un service spécial, elle tendrait à embrasser toute activité et toute initiative ; les États confédérés seraient convertis en préfectures, intendances, succursales ou régies. Le corps politique, ainsi transformé, pourrait s'appeler république, démocratie ou tout ce qu'il vous plaira : ce ne serait plus un État constitué dans la plénitude de ses autonomies, ce ne serait plus confédération. La même chose aurait lieu, à plus forte raison, si, par une fausse raison d'économie, par déférence ou par toute autre cause, les communes, cantons ou États confédérés chargeaient l'un d'eux de l'administration et du gouvernement des autres. La république, de fédérative deviendrait unitaire ; elle serait sur la route du despotisme.

En résumé, le système fédératif est l'opposé de la hiérarchie ou centralisation administrative et gouvernementale par laquelle se distinguent, ex œquo, les démocraties impériales, les monarchies constitutionnelles et les républiques unitaires. Sa loi fondamentale, caractéristique, est celle-ci : dans la fédération, les attributs

Célestin Bouglé

de l'autorité centrale se spécialisent et se restreignent, diminuent de nombre, d'immédiateté, et si j'ose ainsi dire d'intensité, à mesure que la Confédération se développe par l'accession de nouveaux États. Dans les gouvernements centralisés au contraire, les attributs du pouvoir suprême se multiplient, s'étendent et s'immédiatisent, attirent dans la compétence du prince les affaires des provinces, communes, corporations et particuliers, en raison directe de la superficie territoriale et du chiffre de population. De là cet écrasement sous lequel disparaît toute liberté, non seulement communale et provinciale, mais même individuelle et nationale.

(Principe fédératif, p. 66-71.)

La Fédération agricole-industrielle

Tout annonce que les temps sont changés, et qu'après la révolution des idées doit arriver, comme sa conséquence légitime, la révolution des intérêts. Le vingtième siècle ouvrira l'ère des fédérations [1], ou l'humanité recommencera un purgatoire de mille ans. Le vrai problème à résoudre n'est pas en réalité le problème ; politique, c'est le problème économique. , C'est par cette dernière solution que nous proposions en 1848, mes amis et moi, de poursuivre

1 *J'ai écrit quelque part (De la Justice dans la révolution et dans l'Église, 4e étude, édition belge, note), que l'année 1814 avait ouvert l'ère des constitutions en Europe. La manie de contredire a fait huer cette proposition par des gens qui, mêlant à tort et à travers dans leurs divagations quotidiennes histoire et politique, affaires et intrigue, ignorent jusqu'à la chronologie de leur siècle. Mais ce n'est pas ce qui dans ce moment m'intéresse. L'ère des constitutions, très réelle et parfaitement nommée, a son analogue dans l'ère actiaque, indiquée par Auguste, après la victoire remportée par lui sur Antoine à Actium, et qui coïncide avec l'an 30 avant Jésus-Christ. Ces deux ères, l'ère actiaque et l'ère des constitutions, ont cela de commun qu'elles indiquaient un renouvellement général, en politique, économie politique, droit public, liberté et sociabilité générale. Toutes deux inauguraient une période de paix, toutes deux témoignent de la conscience qu'avaient les contemporains de la révolution générale qui s'opérait, et de la volonté des chefs de nations d'y concourir. Cependant l'ère actiaque, déshonorée par l'orgie impériale, est tombée dans l'oubli ; elle a été complètement effacée par l'ère chrétienne, qui servit à marquer, d'une façon bien autrement grandiose, morale et populaire, le même renouvellement. Il en sera de même de l'ère dite constitutionnelle : elle disparaîtra à son tour devant l'ère fédérative et sociale, dont l'idée profonde et populaire doit abroger l'idée bourgeoise et modérantiste de 1814*
(Note de Proudhon.)

l'œuvre révolutionnaire de février. La démocratie était au pouvoir ; le Gouvernement provisoire n'avait pas qu'à agir pour réussir ; la révolution faite dans la sphère du travail et de la richesse, on ne devait être nullement en peine de celle à opérer ensuite dans le gouvernement. La centralisation, qu'il eût fallu briser plus tard, eût été momentanément d'un puissant secours. Personne à cette époque, hormis peut-être celui qui écrit ces lignes et qui dès 1840 s'était déclaré anarchiste, ne songeait à attaquer l'unité et à demander la fédération.

Le préjugé démocratique en a décidé autrement. Les politiques de la vieille école soutinrent et soutiennent encore aujourd'hui que la vraie marche à suivre, en fait de révolution sociale, est de commencer par le gouvernement, sauf à s'occuper ensuite, à loisir, du travail et de la propriété. La démocratie se récusant après avoir supplanté la bourgeoisie et chassé le prince, ce qui devait arriver est arrivé. L'empire est venu imposer silence à ces parleurs sans plan ; la révolution économique s'est faite en sens inverse des aspirations de 1848, et la liberté a été compromise.

On se doute que je ne vais pas, à propos de fédération, présenter le tableau de la science économique, et montrer par le menu tout ce qu'il y aurait à faire dans cet ordre d'idées. Je dis simplement que le gouvernement fédératif, après avoir réformé l'ordre politique, a pour complément nécessaire une série de réformes à opérer dans l'ordre économique : voici en deux mots en quoi consistent ces réformes.

De même qu'au point de vue politique, deux ou plusieurs États indépendants peuvent se confédérer pour se garantir mutuellement l'intégrité de leurs territoires ou pour la protection de leurs libertés ; de même, au point de vue économique, on peut se confédérer pour la protection réciproque du commerce et de l'industrie, ce qu'on appelle union douanière ; on peut se confédérer pour la construction et l'entretien des voies de communications, routes, canaux, chemins de fer, pour l'organisation du crédit et de l'assurance, etc. Le but de ces fédérations particulières est de soustraire les citoyens des États contractants à l'exploitation capitaliste et bancocratique tant de l'intérieur que du dehors ; elles forment par leur ensemble, en opposition à la féodalité financière aujourd'hui dominante, ce que j'appellerai fédération agricole-industrielle.

Célestin Bouglé

(Principe fédératif, p. 109-111.)

Liberté et ironie

Liberté ! c'est-à-dire : 1° affranchissement politique, par l'organisation du suffrage universel, par la centralisation indépendante
des fonctions sociales, par la révision perpétuelle, incessante, de la
Constitution ; 2° affranchissement industriel, par la garantie mutuelle du crédit et du débouché.

En autres termes :

Plus de gouvernement de l'homme par l'homme, au moyen du
cumul des pouvoirs ;

Plus d'exploitation de l'homme par l'homme, au moyen du cumul
des capitaux.

Liberté ! Voilà le premier et le dernier mot de la philosophie sociale. Il est étrange qu'après tant d'oscillations et de reculades dans
la route scabreuse et compliquée des révolutions, nous finissions
par découvrir que le remède à tant de misères, la solution de tant
de problèmes, consiste à donner un plus libre cours à la liberté,
en abaissant les barrages qu'ont élevés au-devant d'elle l'Autorité
publique et propriétaire !

Mais quoi : c'est ainsi que l'humanité arrive à l'intelligence et à la
réalisation de toutes ses idées.

Le socialisme paraît : il évoque les fables de l'antiquité, les légendes des peuples barbares, toutes les rêveries des philosophes
et des révélateurs. Il se fait trinitaire, panthéiste, métamorphique,
épicurien ; il parle du corps de Dieu, des générations planétaires,
des amours unisexuelles, de la phanérogamie, de l'omnigamie, de
la communauté des enfants, ou régime gastrosophique, des har-
monies industrielles, des analogies des animaux et des plantes. Il
étonne, il épouvante le monde ! Que veut-il donc ? qu'est-ce qu'il
y a ? Rien : c'est le produit qui veut se faire monnaie, le Gouvernement qui tend à devenir administration ! Voilà toute la réforme.

Ce qui manque à notre génération, ce n'est ni un Mirabeau, ni un
Robespierre, ni un Bonaparte : c'est un Voltaire. Nous ne savons
rien apprécier avec le regard d'une raison indépendante et mo-

POLITIQUE ET ÉCONOMIE

queuse. Esclaves de nos opinions comme de nos intérêts, à force de nous prendre au sérieux, nous devenons stupides. La science, dont le fruit le plus précieux est d'ajouter sans cesse à la liberté de la pensée, tourne chez nous au pédantisme ; au lieu d'émanciper l'intelligence, elle l'abêtit. Tout entiers à nos amours et à nos haines, nous ne rions des autres pas plus que de nous : en perdant notre esprit, nous avons perdu notre liberté.

La Liberté produit tout dans le monde, tout, dis-je, même ce qu'elle y vient détruire aujourd'hui, religions, gouvernements, noblesse, propriété.

De même que la Raison, sa sœur, n'a pas plus tôt construit un système, qu'elle travaille à l'étendre et à le refaire ; ainsi la Liberté tend continuellement à convertir ses créations antérieures, à s'affranchir des organes qu'elle s'est donnés et à s'en procurer de nouveaux, dont elle se détachera comme des premiers, et qu'elle prendra en pitié et en aversion, jusqu'à ce qu'elle les ait remplacés par d'autres.

La Liberté, comme la Raison, n'existe et ne se manifeste que par le dédain incessant de ses propres œuvres ; elle périt dès qu'elle s'adore. C'est pourquoi l'ironie fut de tout temps le caractère du génie philosophique et libéral, le sceau de l'esprit humain, l'instrument irrésistible du progrès. Les peuples stationnaires sont tous des peuples graves : l'homme du peuple qui rit est raille fois plus près de la raison et de la liberté que l'anachorète qui prie ou le philosophe qui argumente.

Ironie, vraie liberté ! C'est toi qui me délivres de l'ambition du pouvoir, de la servitude des partis, du respect de la routine, du pédantisme de la science, de l'admiration des grands personnages, des mystifications de la politique, du fanatisme des réformateurs, de la superstition de ce grand univers et de l'adoration de moi-même. Tu te révélas jadis au Sage sur le trône, quand il s'écria à la vue de ce monde où il figurait comme un demi-dieu : Vanité des Vanités ! Tu fus le démon familier du philosophe quand il démasqua du même coup et le dogmatiste et le sophiste, et l'hypocrite et l'athée, et l'épicurien et le cynique. Tu consolas le juste expirant, quand il pria sur la croix pour ses bourreaux : Pardonnez-leur, ô mon père, car ils ne savent ce qu'ils font !

Célestin Bouglé

Douce Ironie ! Toi seule es pure, chaste et discrète. Tu donnes la grâce à la beauté et l'assaisonnement à l'amour ; tu inspires la charité par la tolérance ; tu dissipes le préjugé homicide ; tu enseignes la modestie à la femme, l'audace au guerrier, la prudence à l'homme d'État. Tu apaises, par ton sourire, les dissensions et les guerres civiles ; tu fais la paix entre les frères, tu procures la guérison au fanatique et au sectaire. Tu es maitresse de Vérité, tu sers de providence au Génie, et la Vertu, Ô déesse, c'est encore toi.

Viens, souveraine : verso sur mes concitoyens un rayon de ta lumière ; allume dans leur âme une étincelle de ton esprit : afin que ma confession les réconcilie, et que cette inévitable révolution s'accomplisse dans la sérénité et dans la joie.

(Confessions d'un révolutionnaire, p. 291-293.)

Chapitre IV

LE PROBLÈME DE LA PROPRIÉTÉ

Propriété et égalité

L'autorité de l'homme sur l'homme est-elle juste ? Tout le monde répond : non, l'autorité de l'homme n'est que l'autorité de la loi, laquelle doit être justice et vérité. La volonté privée ne compte pour rien dans le gouvernement, qui se réduit, d'une part, à découvrir ce qui est vrai et juste, pour en faire la loi ; d'autre part, à surveiller l'exécution de cette loi. Je n'examine pas en ce moment si notre forme de gouvernement constitutionnel remplit ces conditions : si, par exemple, la volonté des ministres ne se mêle jamais à la déclaration et à l'interprétation de la loi ; si nos députés, dans leurs débats, sont plus occupés à vaincre par la raison que par le nombre ; il me suffit que l'idée avouée d'un bon gouvernement soit telle que je la définis. Cette idée est exacte : cependant nous voyons que rien ne semble plus juste aux peuples orientaux que le despotisme de leurs souverains ; que chez les anciens, et dans l'opinion des philosophes eux-mêmes, l'esclavage était juste ; qu'au moyen âge, les nobles, les abbés et les évêques trouvaient juste d'avoir des serfs ; que Louis XIV pensait être dans le vrai lorsqu'il tenait ce propos : l'État, c'est moi ; que Napoléon regardait comme un crime d'État de désobéir à ses volontés. L'idée de juste, appliquée au souverain et au gouvernement, n'a donc pas toujours été ce qu'elle est aujourd'hui ; elle est allée se développant sans cesse et se précisant de plus en plus, tant qu'enfin elle s'est arrêtée au point où nous la voyons. Mais est-elle arrivée a sa phase dernière ? Je ne le pense pas : seulement comme le dernier obstacle qui lui reste à vaincre vient uniquement de l'institution du domaine de propriété que nous avons conservée, pour achever la réforme dans le gouvernement et consommer la révolution, c'est cette institution même que nous devons attaquer.

L'inégalité politique et civile est-elle juste ?

Les uns répondent : oui ; les autres : non. Aux premiers je rappellerai que, lorsque le peuple abolit tous les privilèges de naissance et de caste, cela leur parut bon, probablement parce qu'ils en profitaient ; pourquoi donc ne veulent-ils pas que les privilèges de la fortune disparaissent comme les privilèges de rang et de race ? C'est, disent-ils, que l'inégalité politique est inhérente à la propriété, et que sans la propriété il n'y a pas de société possible. Ainsi la question que nous venons d'élever se résout dans celle de la propriété. Aux seconds, je me contente de faire cette observation : « Si vous voulez jouir de l'égalité politique, abolissez la propriété, sinon de quoi vous plaignez-vous ? »

La propriété est-elle juste ?

Tout le monde répond sans hésiter : « Oui, la propriété est juste. » Je dis tout le monde, car personne jusqu'à présent ne me paraît avoir répondu avec pleine connaissance : non. Aussi une réponse motivée n'était-elle point chose facile ; le temps seul et l'expérience pouvaient amener une solution. Actuellement cette solution est donnée ; c'est à nous de l'entendre. J'essaie de la démontrer.

Voici de quelle manière nous allons procéder à cette démonstration.

I. Nous ne disputons pas, nous ne réfutons personne, nous ne contestons rien ; nous acceptons comme bonnes toutes les raisons alléguées en faveur de la propriété, et nous nous bornons à en chercher le principe, afin de vérifier ensuite si ce principe est fidèlement exprimé par la propriété. En effet, la propriété ne pouvant être défendue que comme juste, l'idée, ou du moins l'intention de justice doit nécessairement se retrouver au fond de tous les arguments qu'on a faits pour la propriété ; et comme d'un autre côté, la propriété ne s'exerce que sur des choses matériellement appréciables, la justice s'objectivant elle-même, pour ainsi dire, secrètement, doit paraître sous une formule tout algébrique. Par cette méthode d'examen, nous arrivons bientôt à reconnaître que tous les raisonnements que l'on a imaginés pour défendre la propriété, quels qu'ils soient, concluent toujours et nécessairement à l'égalité, c'est-à-dire à la négation de la propriété.

Cette première partie comprend deux chapitres : l'un, relatif à l'occupation, fondement de notre droit ; l'autre, relatif au travail et au talent, considérés comme causes de propriété et d'inégalité sociale.

La conclusion de ces deux chapitres sera, d'une part, que le droit d'occupation empêche la propriété ; de l'autre, que le travail la détruit.

II. La propriété étant donc conçue nécessairement sous la raison catégorique d'égalité, nous avons à chercher pourquoi, malgré cette nécessité de logique, l'égalité n'existe pas. Cette nouvelle recherche comprend aussi deux chapitres : dans le premier, considérant le fait de la propriété en lui-même, nous cherchons si ce fait est réel, s'il existe, s'il est possible ; car il impliquerait contradiction que deux formes socialistes opposées, l'égalité et l'inégalité, fussent l'une et l'autre possibles. C'est alors que nous découvrons, chose singulière, qu'à la vérité la propriété peut se manifester comme accident, mais que, comme institution et principe, elle est impossible mathématiquement. En sorte que l'axiome de l'école, ab actu ad posse valet consecutio, du fait à la possibilité la conséquence est bonne, se trouve démenti en ce qui concerne la propriété.

Enfin, dans le dernier chapitre, appelant à notre aide la psychologie et pénétrant à fond dans la nature de l'homme, nous exposerons le principe du juste, sa formule, son caractère ; nous préciserons la loi organique de la société ; nous expliquerons l'origine de la propriété, les causes de son établissement, de sa longue durée et de sa prochaine disparition ; nous établirons définitivement son identité avec le vol ; et, après avoir montré que ces trois préjugés, souveraineté de l'homme, inégalité des conditions, propriété, n'en font qu'un, qu'ils se peuvent prendre l'un pour l'autre et sont réciproquement convertibles, nous n'aurons pas de peine à en déduire, par le principe de contradiction, la base du gouvernement et du droit. Là s'arrêteront nos recherches, nous réservant d'y donner suite dans de nouveaux mémoires.

L'importance du sujet qui nous occupe saisit tous les esprits.

« La propriété, dit M. Hennequin, est le principe créateur et conservateur de la société civile... La propriété est l'une de ces thèses fondamentales sur lesquelles les explications qui se prétendent nouvelles ne sauraient trop tôt se produire ; car il ne faut jamais l'oublier, et il importe que le publiciste, que l'homme d'État en soient bien convaincus : c'est de la question de savoir si la propriété est le principe ou le résultat de l'ordre social, s'il faut la considérer comme cause ou comme effet, que dépend toute la moralité, et par cela même toute l'autorité des institutions humaines. »

Ces paroles sont un défi porté à tous les hommes d'espérance et de foi : mais, quoique la cause de l'égalité soit belle, personne n'a encore relevé le gant jeté par les avocats de la propriété, personne ne s'est senti le cœur assez ferme pour accepter le combat. Le faux savoir d'une orgueilleuse jurisprudence, et les absurdes aphorismes de l'économie politique telle que la propriété l'a faite, ont porté le trouble dans les intelligences les plus généreuses ; c'est une sorte de mot d'ordre convenu entre les amis les plus influents de la liberté et des intérêts du peuple, que l'égalité est une chimère ! Tant les théories les plus fausses et les analogies les plus vaines exercent d'empire sur des esprits d'ailleurs excellents, mais subjugués à leur insu par le préjugé populaire. L'égalité vient tous les jours, fit œqualitas ; soldats de la liberté, déserterons-nous notre drapeau la veille du triomphe ?

Défenseur de l'égalité, je parlerai sans haine et sans colère, avec l'indépendance qui sied au philosophe, avec le calme et la fermeté de l'homme libre. Puissé-je, dans cette lutte solennelle, porter dans tous les cœurs la lumière dont je suis pénétré, et montrer, par le succès de mon discours, que si l'égalité n'a pu vaincre par l'épée, c'est qu'elle devait vaincre par la parole !

(Qu'est-ce que la propriété ? p. 152-155, éd. Augé-Laribé, Nouvelle édition des Oeuvres de Proudhon, Rivière.)

La propriété fille du travail ?

Avez-vous jamais, lecteur, assisté à l'interrogatoire d'un accusé ? Avez-vous observé ses ruses, ses détours, ses fuites, ses distinctions, ses équivoques ? Battu, confondu dans toutes ses allégations, poursuivi comme une bête fauve par l'inexorable juge, traqué d'hypothèse en hypothèse, il affirme, il se reprend, il se dédît, se contredit ; il épuise tous les stratagèmes de la dialectique, plus subtil, plus ingénieux mille fois que celui qui inventa les soixante-douze formes du syllogisme. Ainsi fait le propriétaire sommé de justifier de son droit : d'abord il refuse de répondre, il se récrie, il menace, il défie ; puis, forcé d'accepter le débat, il se cuirasse de chicanes, il s'environne d'une formidable artillerie, croisant ses feux, opposant tour à tour et tout à la fois l'occupation, la possession, la prescription, les conventions, la coutume immémoriale, le consentement universel. Vaincu sur ce terrain, le propriétaire, comme un sanglier blessé, se retourne : j'ai travaillé, j'ai produit, j'ai amélioré, transformé, CRÉÉ. Cette maison, ces champs, ces arbres sont les œuvres de mes mains ; c'est moi qui ai changé la ronce en vigne et le buisson en figuier ; c'est moi qui aujourd'hui moissonné sur les terres de la famine. J'ai engraissé le sol de mes sueurs, j'ai payé ces hommes qui, sans les journées qu'ils gagnaient avec moi, seraient morts de faim. Nul ne m'a disputé la peine et la dépense, nul avec moi ne partagera.

Tu as travaillé, propriétaire ! que parlais-tu donc d'occupation primitive ? Quoi ! N'étais-tu pas sûr de ton droit, ou bien espérais-tu tromper les hommes et faire illusion à la justice ? Hâte-toi de faire connaître tes moyens de défense, car l'arrêt sera sans appel, et tu sais qu'il s'agit de restitution.

Tu as travaillé ! Mais qu'y a-t-il de commun entre le travail, auquel le devoir t'oblige, et l'appropriation des choses communes ? Ignorais-tu que le domaine du sol, de même que celui de l'air et de la lumière, ne peut se prescrire ?

Tu as travaillé ! N'aurais-tu jamais fait travailler les autres ? Comment alors ont-ils perdu en travaillant pour toi ce que tu as su acquérir en ne travaillant pas pour eux ?

Tu as travaillé ! à la bonne heure ; mais voyons ton ouvrage. Nous allons compter, peser, mesurer. Ce sera le jugement de Balthasar : car, j'en jure par cette balance, par ce niveau et cette équerre, si tu t'es approprié le travail d'autrui, de quelque manière que ce soit, tu rendras jusqu'au dernier quarteron.

Ainsi, le principe d'occupation est abandonné ; on ne dit plus : la terre est au premier qui s'en empare. La propriété, forcée dans son premier retranchement, répudie son vieil adage ; la justice, honteuse, revient sur ses maximes, et de douleur baisse son bandeau sur ses joues rougissantes. Et c'est d'hier seulement que date ce progrès de la philosophie sociale : cinquante siècles pour l'extirpation d'un mensonge ! Combien, pendant cette lamentable période d'usurpations sanctionnées, d'invasions glorifiées, de conquêtes bénies ! Que d'absents dépossédés, de pauvres bannis, d'affamés exclus par la richesse prompte et hardie ! Que de jalousies et de guerres ! Que d'incendies et de carnages parmi les nations ! Enfin, grâces en soient rendues au temps et à la raison, désormais l'on avoue que la terre n'est point le prix de la course ; à moins d'autre empêchement, il y a place pour tout le monde au soleil. Chacun peut attacher sa chèvre à la haie, conduire sa vache dans la plaine, semer un coin de champ, et faire cuire son pain au feu de son foyer.

Mais non, chacun ne le peut pas. J'entends crier de toutes parts : « Gloire au travail et à l'industrie ! À chacun selon sa capacité, à chaque capacité selon ses œuvres. » Et je vois les trois quarts du genre humain de nouveau dépouillés : on dirait que le travail des uns fasse pleuvoir et grêler sur le travail des autres.

(Qu'est-ce que la propriété ? p. 191-192.)

La comptabilité sociale

Dans mes premiers mémoires, attaquant de front l'ordre établi, je disais par exemple : La Propriété, c'est le vol !. Il s'agissait de protester, de mettre pour ainsi dire en relief le néant de nos institutions. Je n'avais point alors à m'occuper d'autre chose. Aussi, dans le mémoire où je démontrais, par A plus B, cette étourdissante proposition, avais-je soin de protester contre toute conclusion communiste.

Dans le Système des contradictions économiques, après avoir rappelé et confirmé ma première définition, j'en ajoute une toute contraire, mais fondée sur des considérations d'un autre ordre, qui ne pouvaient ni détruire la première argumentation ni être détruites par elle : La propriété, c'est la liberté. La propriété, c'est le vol ; la propriété, c'est la liberté : ces deux propositions sont également démontrées et subsistent l'une à côté de l'autre dans le Système des contradictions. J'opère de même, sur chacune des catégories économiques, la Division du travail, la Concurrence, l'État, le Crédit, la Communauté, etc. ; montrant tour à tour comment chacune de ces idées, et par conséquent comment les institutions qu'elles engendrent ont un côté positif et un côté négatif ; comment elles donnent lieu à une double série de résultats diamétralement opposés : et toujours je conclus à la nécessité d'un accord, conciliation ou synthèse. La propriété paraissait donc ici, avec les autres catégories économiques, avec sa raison d'être et sa raison de non-être, c'est-à-dire comme élément à double face du système économique et social.

Ainsi exposé, cela a paru sophistique, contradictoire, entaché d'équivoque et de mauvaise foi. Je vais tâcher de le rendre plus intelligible, en reprenant pour exemple la propriété.

La propriété, considérée dans l'ensemble des institutions sociales, a pour ainsi dire deux comptes ouverts : l'un est celui des biens qu'elle procure, et qui découlent directement de son essence ; l'autre est celui des inconvénients qu'elle produit, des frais qu'elle coûte et qui résultent, comme les biens, directement aussi de sa nature.

Il en est de même pour la concurrence, le monopole, l'État, etc.

Dans la propriété, comme dans tous les éléments économiques, le mal ou l'abus est inséparable du bien, exactement comme dans la comptabilité en partie double, le Doit est inséparable de l'Avoir. L'un engendre nécessairement l'autre, Vouloir supprimer les abus de la propriété, c'est la détruire elle-même ; de même que supprimer un article au débit d'un compte, c'est le détruire au crédit. Tout ce qu'il est possible de faire contre les abus ou inconvénients de la propriété, c'est de la fusionner, synthétiser, organiser ou équilibrer avec un élément contraire, qui soit vis-à-vis d'elle ce que le créancier est vis-à-vis du débiteur, l'actionnaire vis-à-vis du commandité, etc. (telle sera, par exemple, la Communauté) ; de telle sorte que, sans que les deux principes s'altèrent ou se détruisent mutuellement, le bien de l'un vienne couvrir le mal de l'autre, comme dans un bilan les parties, après s'être réciproquement soldées, conduisent à un résultat final, qui est ou tout perte ou tout bénéfice.

Célestin Bouglé

La solution du problème de la misère consiste donc à élever à une plus haute expression la science du comptable, à monter les écritures de la société, à établir l'actif et le passif de chaque institution, en prenant pour comptes généraux ou divisions du grand livre social, non plus les termes de la comptabilité ordinaire, Capital, Caisse, Marchandises générales, Traites et remises, etc. ; mais ceux de la philosophie, de la législation et de la politique ; Concurrence et Monopole, Propriété et Communauté, Citoyen et État, Homme et Dieu, etc. Enfin, et pour, achever ma comparaison, il faut tenir les écritures à jour, c'est-à-dire déterminer avec exactitude les droits et les devoirs, de manière à pouvoir, à chaque moment, constater l'ordre ou le désordre, et présenter la balance.

(Confessions d'un révolutionnaire, p. 127-129.)

La propriété contre l'État

La propriété, si on la saisit à l'origine, est un principe vicieux en soi et antisocial, mais destiné à devenir, par sa généralisation même et par le concours d'autres institutions, le pivot et le grand ressort de tout le système social.

La première partie de cette proposition a été démontrée par la critique de 1840-1848 ; c'est au lecteur à juger maintenant si la seconde est prouvée d'une manière satisfaisante.

Est-il vrai que l'État, après s'être constitué sur le principe de la séparation des pouvoirs, requiert un contrepoids qui l'empêche d'osciller et de devenir hostile à la liberté ; que ce contrepoids ne peut se rencontrer ni dans l'exploitation en commun du sol, ni dans la possession ou propriété conditionnelle, restreinte, dépendante et féodale, puisque ce serait placer le contrepoids dans la puissance même qu'il s'agit de contrebalancer, ce qui est absurde ; tandis que nous le trouvons dans la propriété absolue, c'est-à-dire indépendante, égale en autorité et souveraineté à l'État ? Est-il vrai, en conséquence, que par la fonction essentiellement politique qui lui est dévolue, la propriété, précisément parce que son absolutisme doit s'opposer à celui de l'État, se pose dans le système social comme libérale, fédérative, décentralisatrice, républicaine, égalitaire, progressive, justicière ? Est-il vrai que ces attributs, dont aucun ne se trouve dans le principe de propriété, lui viennent au fur et à mesure de sa généralisation, c'est-à-dire à mesure qu'un plus grand nombre de citoyens arrive à la propriété ; et que pour opérer cette généralisation, pour en assurer ensuite le nivellement, il suffit d'organiser autour de la propriété et pour son service un certain nombre d'institutions et de services, négligés jusqu'à ce jour, abandonnés au monopole et à l'anarchie ? Voilà sur quoi le lecteur est invité à se prononcer, après mûr examen et sérieuse réflexion.

La destination politique et sociale de la propriété reconnue, j'appellerai une dernière fois l'attention du lecteur sur l'espèce d'incompatibilité qui existe ici entre le principe et les fins, et qui fait de la propriété une création vraiment extraordinaire. Est-il vrai, demanderai-je encore, que cette propriété, maintenant sans reproche, est pourtant la même, quant à sa nature, à ses origines, à sa définition psychologique, à sa virtualité passionnelle, que celle dont la critique exacte et impartiale a si vivement surpris l'opinion ; que rien n'a été modifié, ajouté, retranché, adouci dans la notion première ; que si la propriété s'est humanisée, si de scélérate elle est devenue sainte, ce n'est pas que nous en ayons changé l'essence, que nous avons au contraire religieusement respectée ; c'est tout simplement que nous en avons agrandi la sphère et généralisé l'essor ? Est-il vrai que c'est dans cette nature égoïste, satanique et réfractaire que nous avons trouvé le moyen le plus énergique de résister au despotisme sans faire crouler l'État, comme aussi d'égaliser les fortunes sans organiser la spoliation et sans museler la liberté ? Est-il vrai, dis-je, car je ne saurais trop insister sur cette vérité à laquelle la logique de l'école n'a pas nous accoutumés, que pour changer les effets d'une institution qui, dans ses commencements, fut le comble de l'iniquité, pour métamorphoser l'ange des ténèbres en ange de lumière, nous n'avons eu besoin que de l'opposer à lui-même, en même temps qu'au pouvoir, de l'entourer de garanties et de décupler ses moyens, comme si nous eussions voulu exalter sans cesse, dans la propriété, l'absolutisme et l'abus ?

Ainsi, c'est à la condition de conserver sa personnalité entière, son moi indompté, son esprit de révolution et de débauche, que la propriété peut devenir un instrument de garantie, de liberté, de justice et d'ordre. Ce ne sont pas ses inclinations qu'il faut changer,

Célestin Bouglé

ce sont ses œuvres ; ce n'est plus en combattant, à la manière des anciens moralistes, le principe de concupiscence, qu'il faut désormais songer à purifier la conscience humaine ; comme l'arbre dont le fruit âpre et vert au commencement se dore au soleil et devient plus doux que le miel ; c'est en prodiguant à la propriété la lumière, les vents frais et la rosée que nous tirerons de ses germes de péché des fruits de vertu. Notre critique antérieure subsiste donc : la théorie de la propriété libérale, égalitaire, moralisatrice tomberait, si nous prétendions la distinguer de la propriété absolutiste, accapareuse et abusive ; et cette transformation que je cherchais sous le nom de synthèse, nous l'avons obtenue, sans aucune altération du principe, par un simple équilibre.

(Théorie de la propriété, p. 208-210.)

Les deux types de propriétaires

Suivant que nous envisageons la propriété dans son principe ou dans ses fins, elle nous apparaît comme la plus insigne et la plus lâche des immoralités, ou comme l'idéal de la vertu civile et domestique.

Regardez cette face vulgaire, sur laquelle ne brille aucune étincelle de génie, d'amour ni d'honneur. L'œil est louche, le sourire faux, le front inaccessible à la honte, les traits heurtés, la mâchoire formidable, non pas mâchoire de lion, mais mâchoire d'hippopotame. L'ensemble de la physionomie semble dire : « Tout est néant, fors d'avoir du bien, d'en avoir assez, de quelque manière qu'on l'ait acquis. » Le personnage n'est point si grossier qu'il ne comprenne que propriété n'est pas mérite ; mais il ne fait aucun cas du mérite ; convaincu que noblesse, bravoure, industrie, talent, probité, tout ce que les hommes estiment, sans l'Avoir, est zéro, et que celui qui peut dire : J'ai, peut fort bien se passer du reste. Il ne disputera pas avec vous sur l'origine et la légitimité de la propriété ; il incline à croire, in petto, que la propriété ne fut dans l'origine qu'une usurpation sur laquelle le législateur a passé l'éponge. Mais comme, selon lui, ce qui fut bon à commencer est bon à continuer, il n'a qu'une pensée : c'est, sauf le respect des sergents, d'augmenter son Avoir, par tous les moyens équivoques qui ont servi à l'établir.

Il exploite le pauvre, dispute le salaire à l'ouvrier, pille partout et grappille, enlevant un sillon au champ du voisin, et déplaçant les bornes quand il peut le faire sans être aperçu. J'en ai vu un qui ramassait avec les mains la terre dans le fossé et la retirait de son côté : on eût dit qu'il la mangeait. À lui de faire rendre à la rente, à l'intérêt de l'argent, tout ce qu'ils peuvent rendre ; aussi n'est-il pire usurier comme il n'est pire maître et plus mauvais payeur. Du reste, hypocrite et poltron, ayant peur du diable comme de la justice, craignant la peine, non l'opinion ; mesurant tous les hommes à son aune, c'est-à-dire les regardant comme des fripons ; étranger surtout aux affaires publiques et ne se mêlant pas du gouvernement, si ce n'est pour faire dégrever sa cote ou payer son vote, heureux qu'il se trouve autour de lui des citoyens à préjugés dont le suffrage incorruptible lui permette de tirer bon parti du sien. C'est le propriétaire selon la lettre et le principe, ce qui revient à dire selon l'égoïsme et la matière.

Jetez maintenant les yeux de l'autre côté, et considérez cette figure où se peignent, avec la dignité et la franchise, les hautes pensées du cœur. Ce qui distingue tout d'abord le sujet, c'est que jamais, dans la candeur de son âme, il n'eût inventé la propriété. Il aurait protesté de toute la force de sa conscience contre cette institution de l'absolutisme et de l'abus ; par respect du droit, dans l'intérêt des masses, il aurait maintenu l'antique possession ; et, sans s'en douter, contre son intention formelle, il eût éternisé le despotisme dans l'État, la servitude dans la société. Actuellement, la propriété existe ; le hasard de la naissance a fait de lui un de ses titulaires. Il possède sans être possédé ; il croit à la bonne foi d'un principe qu'il n'a point voulu, et dont la responsabilité pèse sur tous. Mais il se dit en même temps que propriété oblige, et que si la loi ne lui demande rien, sa conscience lui impose tout. Prince du travail, gardien des lois et de la liberté, la vie du propriétaire n'est point à ses yeux une vie de jouissance et de parasitisme, mais une vie de combat. C'est lui qui, dans la vieille Rome, noble laboureur, chef de famille austère, réunissant en sa personne la triple qualité de prêtre, de justicier et de capitaine, rendit immortel, glorieux à l'égal des rois, le nom aujourd'hui presque ridicule de citoyen. C'est lui qui, en 1789, s'arma tout à la fois contre le despotisme féodal et contre l'étranger. La conscription a remplacé les bataillons de volontaires ;

Célestin Bouglé

mais, si les armées de l'Empire ont rivalisé de courage avec celles de la République, elles leur sont restées inférieures pour la vertu. Ami du peuple travailleur, jamais son courtisan, attendant l'égalité du progrès ; c'est encore lui qui disait, en 1848, que la démocratie avait pour but non d'accourcir les habits, mais d'allonger les vestes ; lui enfin qui soutient la société contemporaine contre les assauts d'un industrialisme effréné, d'une littérature corrompue, d'une démagogie bavarde, d'un jésuitisme sans foi et d'une politique sans principe. Tel est le propriétaire selon les fins, que l'on peut appeler aussi propriétaire selon l'esprit.

(Théorie de la propriété, p. 168-171.)

Chapitre V

SUR LES CLASSES SOCIALES

La mission de la bourgeoisie

À vous, Bourgeois, l'hommage de ces nouveaux essais. Vous fûtes de tout temps les plus intrépides, les plus habiles des révolutionnaires.

C'est vous qui, dès le troisième siècle de l'ère chrétienne, par vos fédérations municipales, étendîtes les premiers le linceul sur l'Empire romain dans les Gaules. Sans les Barbares qui vinrent changer brusquement la face des choses, la République, constituée par vous, eût gouverné le moyen âge. La monarchie dans votre pays est franque, souvenez-vous-en ; elle n'est pas gauloise.

C'est vous qui, plus tard, opposant la commune au castel, le roi aux grands vassaux, vainquîtes la féodalité.

C'est vous, enfin, qui depuis quatre-vingts ans avez proclamé l'une après l'autre toutes les idées révolutionnaires, liberté des cultes, liberté de la presse, liberté d'association, liberté du commerce et de l'industrie ; qui, par vos constitutions savantes, avez eu raison de l'autel et du trône ; qui avez établi sur des bases indestructibles l'égalité devant la loi, le contrôle législatif, la publicité des comptes de l'État, la subordination du Gouvernement au Pays, la souveraineté de l'Opinion.

C'est vous-mêmes, vous seuls, oui, qui avez posé les principes, jeté les fondements de la Révolution au XIXe siècle.

Rien de ce qui a tenté sans vous, contre vous, n'a eu vie ;

Rien de ce que vous avez entrepris n'a manqué ;

Rien de ce que vous aurez préparé ne faillira.

Devant la bourgeoisie le despotisme a courbé la tête : le Soldat heureux, et l'Oint légitime, et le Roi citoyen, dès qu'ils eurent le malheur de vous déplaire, ont défilé devant vous comme des fantômes. Bourgeois de France, l'initiative du mouvement dans l'Humanité vous appartient. Le prolétaire, novice, vous nomme ses maîtres et ses modèles. Se pourrait-il qu'après avoir fait tant de révolutions, vous fussiez devenus irrémissiblement, sans raison, sans intérêt, sans honneur, contre-révolutionnaires ?

Je connais vos griefs : ils ne datent pas seulement de février.

Un jour, le 31 Mai 1793, vous fûtes surpris, supplantés par le peuple sans-culotte, Quatorze mois, la plus terrible époque que vous traversâtes jamais, le gouvernail fut entre les mains de tribuns populaires. Que surent-ils faire de ces quatorze mois de dictature pour leurs pauvres clients ? Hélas ! Rien. Présomptueux comme toujours, et bavards, leur effort se réduisit à continuer, tant bien que mal, votre besogne. En 1793, comme en 1848, les élus du peuple - qui pour la plupart n'étaient pas du peuple – n'eurent de souci que pour la propriété ; ils ne songèrent point au travail. Hors la résistance à l'étranger, la puissance gouvernementale fut consacrée tout entière à la garantie de vos intérêts. Vous n'en fûtes pas moins blessés de cette atteinte à votre vieille prérogative. Parce que le peuple n'avait su, dans son inexpérience, faire marcher la Révolution par vous inaugurée, dès le lendemain de Thermidor vous parûtes renier cette Révolution. Ce fut pour notre pays une halte dans le progrès et le commencement de nos expiations. Le prolétaire crut se venger en imposant à votre orgueil, par ses suffrages, l'autocratie d'un héros. Vous aviez semé la résistance, vous recueillîtes le despotisme. La liberté fut remplacée par la Gloire, la plus funeste, la plus sotte des divinités. Pendant quinze ans, la tribune fut muette, la bourgeoisie humiliée, la Révolution enchaînée. Enfin, grâce à vous, la Charte de 1814, arrachée, non octroyée, quoi qu'on en ait dit, la relança de nouveau sur le monde ; quinze ans ne s'étaient pas écoulés que l'ancien régime trouvait aux journées de juillet son Waterloo.

En 1848, le peuple, appuyé comme en 93 sur vos patriotiques baïonnettes, chasse des Tuileries un vieux fourbe et proclame la République. En cela, il ne fit que se rendre l'interprète de vos sentiments, tirer la conséquence légitime de votre proposition. Mais le peuple n'avait point encore été initié à la vie politique : pour la seconde fois, le gouvernement de la Révolution lui échappe. Et comme en 93, cette outrecuidance fut pour vous un nouveau sujet de colère.

Quel mal avait-il fait, cependant, ce peuple inoffensif, pendant son interrègne de trois mois, qu'à peine réintégrés au pouvoir, vous vous montrâtes si ardents réactionnaires ? Le gouvernement provisoire n'avait songé qu'à consoler votre amour-propre, calmer vos inquiétudes. Sa première pensée fut de vous rappeler au conseil de famille ; son unique désir, de vous rendre la tutelle du prolétariat. Le peuple laissa faire, applaudit. Est-ce donc par représailles de cette bonhomie traditionnelle, ou pour cause d'usurpation de titres, que, rétablis dans votre prépondérance politique, vous avez traité ces révolutionnaires naïfs comme une troupe de maraudeurs et de vauriens ? que vous avez fusillé, transporté, envoyé aux pontons, de pauvres ouvriers poussés à la révolte par la peur de la famine, et dont l'hécatombe servait de marchepied à trois ou quatre intrigues dans la Commission exécutive et dans l'Assemblée ? Bourgeois, vous fûtes cruels et ingrats ; aussi la répression qui suivit les journées de juin a crié vengeance. Vous vous êtes faits complices de la réaction : vous subissez la honte.

Maintenant ont reparu les intrigants politiques, les corrompus de tous les régimes, objets de votre éternelle haine. Les cagots vous ont coiffé de leur éteignoir ; les amis de l'étranger vous ont fait commanditer leur politique antinationale : les valets de toutes les tyrannies que vous avez vaincues vous associent chaque jour à leurs vengeances liberticides. En trois ans, vos prétendus sauveurs vous ont couverts de plus d'ignominie qu'un demi-siècle d'avortements n'avait laissé de misères au prolétariat. Et ces hommes à qui votre aveugle passion a laissé prendre un pouvoir sans limites, ils vous insultent et vous bernent ; ils vous déclarent ennemis de tout ordre, incapables de discipline, infectés de philosophie, de libéralisme, de socialisme ; il vous traitent de révolutionnaires !

Acceptez, Bourgeois, ce nom comme le titre de votre gloire et le gage de votre réconciliation avec le prolétariat. Réconciliation, je vous le dis, c'est Révolution. L'ennemi s'est établi dans votre domaine ; que ses insultes vous servent de cri de ralliement. Vous, les aînés de la Révolution, qui avez vu naître et mourir tant de despotismes, depuis les Césars jusqu'aux cadets des Bourbons, vous ne pouvez faillir à votre destinée. Le cœur me dit que vous ferez encore quelque chose. Le peuple vous attend, comme en 1789, 1793, 1830, 1848. La Révolution vous tend les bras : sauvez le peuple, sauvez-vous vous-mêmes, comme faisaient vos pères, par la Révolution.

Pauvre Révolution, tout le monde lui jette la pierre. Ceux qui ne la calomnient pas s'en méfient, et travaillent de leur mieux à lui donner le change. L'un vous parle de proroger les pouvoirs du président ; l'autre vous entretient de la fusion des deux branches et de la nécessité d'en finir au plus vite par ce dilemme : monarchie ou démocratie. Celui-ci plaide pour la Constitution de 1848 ; celui-là se prononce pour la Législation directe... On dirait une conjuration d'empiriques contre l'idée de février.

Si cette politique pouvait servir à quelque chose, si elle était douée de la moindre vertu de conservation et de paix, je me tairais. Je n'aurais garde, Bourgeois, de troubler votre quiétude. Mais, qu'on l'affirme ou qu'on la nie, la Révolution fond sur vous avec une rapidité de mille lieues par seconde. Il ne s'agit pas de la discuter : il faut vous préparer à la recevoir ; il faut avant tout la connaître.

Dans les loisirs d'une longue prison, tandis que le Pouvoir, brisant ma plume de journaliste, me tient séquestré de la polémique quotidienne, mon âme révolutionnaire s'est remise à voyager dans le pays des Idées.

J'ai rapporté de mes pérégrinations d'au delà les préjugés de notre vieux monde quelques graines, dont la culture ne peut manquer de réussir en nos terrains préparés. Permettez-moi de vous en offrir aujourd'hui un échantillon. À vous, Bourgeois, les honneurs de cette semence, dont le premier fruit sera de vous remettre en mémoire la seule chose dont il importe en ce temps de vous occuper, et qu'on oublie de partout, la Révolution. Et puissent après moi de plus hardis explorateurs, encouragés par mon exemple, achever enfin la découverte, si longtemps rêvée, de la République démocratique et sociale !

(Idée générale de la révolution au XIXe siècle. éd. Berthod. Nouvelle édition des œuvres de Proudhon, Rivière, p. 93-96.)

Le paysan contre le forain

Cherchons donc quel est l'intérêt du paysan et ce que dicte son sens intime, et nous saurons au juste ce que nous devons penser de la majorité donnée par lui au Gouvernement.

Le vrai en ceci est que, depuis une quarantaine d'années, le même mouvement de sécession que nous avons signalé plus haut, dans la population des villes, entre l'ouvrier et le bourgeois, se manifeste parmi les populations des campagnes, entre la plèbe rustique et l'aristocratie propriétaire, celle-là surtout qui habite au sein des villes. Comme cet antagonisme a son principe au plus profond des idées, on me saura gré de le mettre dans tout son jour.

Tandis qu'au sein des villes l'ancien principe féodal s'est maintenu en se transformant et continue de se développer, - ainsi qu'en témoignent, d'un côté la féodalité industrielle et financière, qui s'entend si merveilleusement à mettre à la raison la classe moyenne et le prolétariat ; d'autre part, l'ambition, qui possède une foule de bourgeois, d'ajouter à leurs titres de fonctionnaires, de capitalistes, d'entrepreneurs et de négociants, la qualité de grands propriétaire fonciers, de suzerains du sol ; en troisième lieu, certaines tendances communistes, certaines idées corporatives mal définies des classes ouvrières -, les paysans ont marché sous l'impulsion d'une pensée fixe, celle d'assurer de plus en plus leur franchise par la libre possession du sol. La conception de la propriété, en un mot, n'est pas la même chez le citadin et chez le paysan : de là leur évolution en sens inverse. L'un cherche avant tout la rente, l'orgueil de la possession ; l'autre vise à l'indépendance du travail, à la suzeraineté de la vie agricole. Pour celui-ci la propriété c'est le franc-alleu, pour celui-là c'est encore le fief. Il est entendu que je n'emploie ces expressions que pour mieux faire ressortir ma pensée, sans que je veuille prêter à personne des idées fort au-dessus de la routine. En fait, il n'est peut-être pas un paysan, pas un bourgeois, à l'exception des juristes, qui sache ce que signifient ces termes de notre ancienne langue, fief et alleu. Mais ces mots expriment deux droits, deux ordres de faits différents, deux tendances opposées, qui se reproduisent de nos jours comme au moyen âge, et dont il n'est pas même possible, à mon jugement, de faire cesser entièrement aucune.

Comme autrefois, l'âme du paysan est dans l'idée allodiale. Il hait d'instinct l'homme du bourg, l'homme des corporations, maîtrises et jurandes, comme il haïssait le seigneur, l'homme aux droits féodaux ; et sa grande préoccupation est, suivant une expression du vieux droit qu'il n'a pas oubliée, d'expulser le forain. Il veut régner seul sur la terre, puis, au moyen de cette domination, se rendre maître des villes et leur dicter la loi. Cette idée de la prédominance de l'agriculture sur l'industrie est la même que celle qui fonda la suprématie de l'ancienne Rome et décida la victoire de ce peuple laboureur sur toutes les puissances industrielles et commerçantes de l'ancien monde ; qui plus tard soutint la féodalité elle-même : idée qu'adoptèrent au dix-huitième siècle les physiocrates, et qui n'est certes pas encore épuisée. De là une lutte sourde, qui déjà se laisse apercevoir dans certaines régions, et qu'un de mes amis de province me dénonçait naguère en ces termes : « Nous marchons à un antagonisme violent entre les villes et les campagnes... Les paysans sont devenus riches ; les trois quarts des gens de la ville assez besogneux ; les premiers, attirés par l'appât des bénéfices mercantiles et industriels, envahissent peu à peu les villes et s'y rendent les maîtres, pendant que les seconds restent écrasés entre cette nouvelle concurrence et la haute bourgeoisie dont le quartier général est Paris... »

Ainsi, une même pensée dirige la plèbe des campagnes et celle des villes. Dans les villes, la classe travailleuse tend à supplanter la classe bourgeoise par la hausse des salaires, l'association, les coalitions, les mutualités, sociétés coopératives, etc. ; dans les campagnes, par la hausse de la main-d'œuvre et des gages des domestiques, par la surenchère du sol, par la réduction des fermages, par la petite culture et la propriété. La guerre est générale, mais, jusqu'à présent, faute d'une pensée mère, d'une organisation et d'une tactique, elle n'a pas produit de résultats décisifs. On se gêne, on s'entre-détruit, on s'extermine : le paysan, voisin ou fermier, journalier ou domestique, fait de son mieux pour dégoûter le bourgeois propriétaire, mais rien n'avance, classe ouvrière et classe bourgeoise, rente et fermage, renaissent sans cesse l'une de l'autre.

La République de 1848 a conféré aux paysans comme aux ouvriers le droit électoral. Or, tandis que ceux-ci ont appris des bourgeois à faire opposition au pouvoir et votent avec eux, l'Empereur, à tort ou à raison, est resté pour le paysan le symbole du droit allodial, rendu triomphant par la Révolution et la vente des biens nationaux. Dans le Roi, au contraire, protecteur de la bourgeoisie, ou prince de la gentilhommerie, il n'a jamais vu que l'emblème du fief, qui reparaît à son œil soupçonneux en la personne du bourgeois capitaliste, chef d'industrie, administrateur de compagnies, négociant, homme de lettres ou magistrat. Napoléon Ier le savait ; c'est ce qui, malgré ses infidélités, le rendit si longtemps populaire. On put en juger en 1830, en 1840 et jusqu'en 1852. C'est à peu près ainsi que les paysans italiens regrettent le gouvernement autrichien, ennemi ou adversaire naturel de la bourgeoisie, et maudissent le royaume constitutionnel, monument de la victoire de ces maudits messieurs, maledetti signori.

L'établissement des chemins de fer a développé une grande richesse dans beaucoup de départements, même les plus éloignés du centre, ceux surtout dont la production principale ne consiste pas en blé, tels que l'Hérault, le Gard, le jura, le Doubs, etc.. L'enchérissement universel des denrées alimentaires, venu à la suite de l'énorme développement industriel, a fait la fortune du paysan ; le marché étranger lui a été ouvert ; une masse de subsistances, les vins, fruits, légumes, qui jadis se devaient consommer sur place et à vil prix, sont maintenant exportés à des distances énormes avec bénéfice. Le paysan ne discute pas sur les causes : Cum hoc, ergo propter hoc ; ces biens lui sont venus sous la période impériale ; il en remercie l'empereur. Il veut la terre, absolument comme l'ouvrier vent le capital et l'instrument de travail, et il saura l'avoir, en la payant.

Ainsi la cause des paysans est la même que celle des travailleurs de l'industrie ; la Marianne des champs est la contrepartie de la Sociale des cités. Leurs adversaires sont les mêmes. jusqu'en 1863, les deux grandes classes qui représentent le travail, paysans et ouvriers, avaient voté, sans s'être donné le mot, pour l'Empereur ; en 1863 et 1864, pendant que les paysans restaient fidèles au drapeau impérial, les ouvriers, sans motif suffisant, ont passé du côté des bourgeois. Je ne veux pas dire qu'ils eussent mieux fait d'imiter leurs frères des champs ; j'entends seulement qu'il aurait été digne d'eux de leur donner l'exemple, en déclarant qu'à l'avenir ils n'entendaient plus, relever que d'eux-mêmes. C'est à la démocratie industrielle de Paris et des grandes villes, qui a pris le devant, à chercher les points de raccordement qui existent entre elle et la démocratie des campagnes, et à ne point se donner aux

Célestin Bouglé

yeux des allodiaux l'apparence de soldats du fief. Sans doute Napoléon III, de même que Napoléon Ier, est encore pour les masses l'ennemi du vieux régime, l'homme qui protège le campagnard contre le féodalisme bourgeois. Sous l'influence de cette opinion et la pression des maires, gendarmes, gardes champêtres, etc., le paysan, qu'échauffait le cabaret, a voté pour le candidat de l'administration. Mais l'idée napoléonienne s'use comme toute chose ; l'ancien régime est loin de nous ; il a été recouvert d'une couche épaisse d'idées, de lois, d'intérêts ; des besoins nouveaux se font sentir, et déjà l'on peut prévoir, à un jour donné, un brusque revirement de la part des campagnes, pareil à celui qui, l'année dernière, entraîna le département de la Haute-Saône. Aussi bien, de vastes problèmes se présentent à résoudre, devant lesquels l'autorité est impuissante : marier l'agriculture à l'industrie, et par ce moyen réconcilier les populations des villes et des campagnes ; reconstituer la propriété selon des principes de la mutualité et du droit fédératif envelopper la classe agricole des institutions nouvelles résoudre, à l'avantage des paysans comme des ouvriers, les questions du crédit, de l'assurance, des loyers, de la boucherie, des denrées maraîchères et des boissons, etc., etc.

Le paysan a horreur de fermage et du métayage, comme l'ouvrier du salariat. Il sera incomparablement plus aisé, en l'aidant à devenir propriétaire, de tirer de lui un fort impôt, part légitime de la société dans la rente foncière, que de le faire consentir à partager éternellement, avec un propriétaire éloigné, le croît de la terre et des animaux, obtenu par ses soins et un rude labeur.

Ainsi, toutes contradictoires que paraissent et que soient en effet, quant au résultat immédiat, les élections de la plèbe travailleuse, d'un côté à Paris et dans les grandes villes, de l'autre dans les campagnes, la pensée qui les a produites les unes et les autres est au fond la même : c'est l'émancipation complète du travailleur ; c'est l'abolition du salariat ; c'est l'expulsion du forain.

(De la capacité politique des classes ouvrières, éd. Max Leroy (Nouvelle édition des œuvres de Proudhon, Rivière) p. 66-70.)

La capacité politique

SUR LES CLASSES SOCIALES

de la classe ouvrière

Cherchons donc dans les idées et dans les faits, en dehors des adorations, génuflexions et superstitions vulgaires, ce que nous devons penser de la capacité et de l'idonéité politiques de la classe ouvrière comparée à la classe bourgeoise, et de son futur avènement.

Observons, en premier lieu, que le mot capacité, en parlant de citoyen, se prend à deux points de vue différents : il y a la capacité légale et la capacité réelle.

La première est conférée par la loi et suppose la seconde. On n'admettrait pas que le législateur reconnût des droits à des sujets frappés d'incapacité naturelle. Par exemple, avant 1848 il fallait, pour exercer le droit électoral, payer 2oo francs de contributions directes. On supposait donc que la propriété était une garantie de capacité réelle : en conséquence les censitaires à 2oo francs et au-dessus, au nombre de 250 ou 300.000, étaient réputés les vrais contrôleurs du Gouvernement, arbitres souverains de sa politique. Ce n'était évidemment qu'une fiction de la loi : rien ne prouvant que parmi les électeurs il n'y en eût pas, et même beaucoup, malgré leur cote, de réellement incapables ; comme aussi rien n'autorisant à penser qu'en dehors de ce cercle, parmi tant de millions de citoyens soumis à une simple taxe personnelle, il n'existât pas une foule de capacités respectables.

En 1848 on a, pour ainsi dire, retourné le système de 1830 : le suffrage universel et direct, sans aucune condition de cens, a été établi. Par cette simple réforme, toute la population masculine, âgée de vingt et un ans révolus, née en France et domiciliée, s'est trouvée investie par la loi de la capacité politique. On a donc encore supposé que le droit électoral, et dans une certaine mesure la capacité politique, était inhérent à la qualité d'homme même et de citoyen. Mais il est 6vident que ce n'est toujours là qu'une fiction. Comment la faculté électorale serait-elle une prérogative de l'indigénat, de l'âge, du sexe, du domicile, plutôt que de la propriété ? La dignité d'électeur, dans notre société démocratique, équivaut à celle de noble dans le monde féodal. Comment serait-elle accordée sans exception ni distinction à tous, tandis que celle de noble n'appar-

Célestin Bouglé

tenait qu'à un petit nombre ? N'est-ce pas le cas de dire que toute dignité rendue commune s'évanouit, et que ce qui appartient à tout le monde n'est à personne ? Du reste, l'expérience s'est prononcée à cet égard : plus le droit électoral s'est multiplié, plus il a perdu de l'importance qu'on y attachait. Les 36 p. 100 d'abstentions en 1857 ; les 25 pour 100 en 1863, en sont une preuve. Et il est certain que nos dix millions d'électeurs se sont montrés, depuis 1848, en intelligence et en caractère inférieurs aux 300.000 censitaires de la monarchie de juillet.

Donc, et bon gré mal gré, dès lors que nous traitons en historiens et en philosophes de la capacité politique, il nous faut sortir des fictions et en venir à la, capacité réelle : c'est aussi la seule qui nous occupera.

Pour qu'il y ait dans un sujet, individu, corporation en collectivité, capacité politique, trois conditions fondamentales sont requises :

1°   Que le sujet ait conscience de lui-même, de sa dignité, de sa valeur, de la place qu'il occupe dans la société, du rôle qu'il remplit, des, fonctions auxquelles il a droit de prétendre, des intérêts qu'il représente ou personnifie ;

2°   Comme résultat de cette conscience de lui-même dans toutes ses puissances, que ledit sujet affirme son idée, c'est-à-dire qu'il sache se représenter par l'entendement, traduire par la parole, expliquer par la raison, dans son principe et ses conséquences, la loi de son être ;

3°   Que de cette idée, enfin, posée comme profession de foi il puisse selon le besoin et la diversité des circonstances, déduire toujours des conclusions pratiques.

Observez qu'en tout cela il ne peut être question de plus ni de moins.. Certains hommes sentent plus vivement que d'autres, ont un sentiment d'eux-mêmes plus ou moins exalté, saisissent l'idée et l'exposent avec plus ou moins de bonheur et d'énergie, ou sont doués d'une puissance de mise en œuvre à laquelle bien souvent les plus vives intelligences n'atteignent pas. Ces différences d'intensité dans la conscience, l'idée et son application, constituent des degrés de capacité, elles ne créent pas la capacité même. Ainsi tout individu qui a la foi en Jésus-Christ, qui en affirme la doctrine par la profession de foi et qui en pratique la religion, est chrétien, comme tel capable du salut éternel : ce qui n'empêche nullement que parmi les chrétiens il n'y ait des docteurs et des simples, des ascètes et des tièdes.

De même, être capable politiquement, ce n'est point être doué d'une aptitude particulière à traiter les affaires d'État, à exercer tel emploi public ; ce n'est pas témoigner d'un zèle plus ou moins brûlant pour la cité. Tout cela, je le répète, est affaire de talent et de spécialité : ce n'est pas ce qui fonde dans le citoyen, souvent silencieux, modéré, en dehors des emplois, ce que nous entendons ici par capacité politique. Posséder la capacité politique, c'est avoir la conscience de soi comme membre d'une collectivité, affirmer l'idée qui en résulte et en poursuivre la réalisation. Quiconque réunit ces trois conditions est capable. Ainsi nous nous sentons tous Français ; comme tels, nous croyons à une constitution, à une mission de notre pays, en vue desquelles nous favorisons, de nos vœux et de nos suffrages, la politique qui nous paraît le mieux traduire notre sentiment et servir notre opinion. Le patriotisme peut être plus ou moins ardent en chacun de nous ; sa nature est la même, son absence une monstruosité. En trois mots nous avons conscience, idée, et nous poursuivons une réalisation.

Le problème de la capacité politique dans la classe ouvrière, de même que dans la classe bourgeoise et autrefois dans la noblesse, revient donc à se demander : a) si la classe ouvrière, au point de vue de ses rapports avec la société et avec l'État, a acquis conscience d'elle-même ; si, comme être collectif, moral et libre, elle se distingue de la classe bourgeoise ; si elle en sépare ses intérêts, si elle tient à ne se plus confondre avec elle ; b) si elle possède une idée, c'est-à-dire si elle s'est créé une notion de sa propre constitution ; si elle connaît les lois, conditions et formules de son existence ; si elle en prévoit la destinée, la fin ; si elle se comprend elle-même dans ses rapports avec l'État, la nation et l'ordre universel ; c) si de cette idée, enfin, la classe ouvrière est en mesure de déduire, pour l'organisation de la société, des conclusions pratiques qui lui soient propres, et, au cas où le pouvoir, par la déchéance ou la retraite de la bourgeoisie lui serait dévolu, de créer et de développer un nouvel ordre politique.

Célestin Bouglé

Voilà ce que c'est que la capacité politique. Il est bien entendu que nous parlons de cette capacité réelle, collective, qui est le fait de la nature et de la société, et qui résulte du mouvement de l'esprit humain ; qui, sauf les inégalités du talent et de la conscience se retrouve la même dans tous les individus et ne peut devenir le privilège d'aucun ; que l'on observe dans toutes les communions religieuses, sectes, corporations, castes, partis, états, nationalités, etc. ; capacité que le législateur est inhabile à créer, mais qu'il est tenu de rechercher, et que dans tous les cas il suppose.

Et c'est d'après cette définition de la capacité que je réponds, en ce qui concerne les classes ouvrières, et indépendamment des défaillances et manifestations moutonnières dont elles donnent chaque jour encore le triste spectacle :

Sur le premier point : Oui, les classes ouvrières ont acquis conscience d'elles-mêmes, et nous pouvons assigner la date de cette éclosion, c'est l'année 1848 ;

Sur le second point : Oui, les classes ouvrières possèdent une idée qui correspond à la conscience qu'elles ont d'elles-mêmes, et qui est en parfait contraste avec l'idée bourgeoise : seulement on peut dire que cette idée ne leur a encore été révélée que d'une manière incomplète, qu'elles ne l'ont pas poursuivie dans toutes ses conséquences, et n'en ont pas donné le formulaire ;

Sur le troisième point ; relatif aux conclusions politiques à tirer de leur idée : non, les classes ouvrières, sûres d'elles-mêmes et déjà à moitié éclairées sur les principes qui composent leur foi nouvelle, ne sont pas encore parvenues à déduire de ces principes une pratique générale conforme, une politique appropriée : témoin leur vote en commun avec la bourgeoisie, témoin les préjugés politiques de toute sorte auxquels elles obéissent.

Disons, en un style qui sente moins l'école, que les classes ouvrières ne font que de naître à la vie politique ; que si, par l'initiative qu'elles ont commencé de prendre et par leur force numérique, il leur a été donné de déplacer le centre de gravité dans l'ordre politique et d'agiter l'économie sociale, en revanche, par le chaotisme intellectuel auquel elles sont en proie, surtout par le fantaisisme gouvernemental qu'elles ont reçu d'une bourgeoisie in extremis, elles n'ont pas encore réussi à établir leur prépondérance, elles ont même retardé leur émancipation et jusqu'à un certain point compromis leur avenir.

(De la capacité politique des classes ouvrières, éd. Max-Leroy, p. 88-92.)

Mutuellisme

Le mot français mutuel, mutualité, mutuation, qui a pour synonyme réciprocité, vient du latin mutuum, qui signifie prêt (de consommation), et dans un sens plus large, échange. On sait que dans le prêt de consommation, l'objet prêté est consommé par l'emprunteur, qui n'en rend alors que l'équivalent, soit en même nature, soit sous toute autre forme. Supposez que le prêteur devienne de son côté emprunteur, vous aurez une prestation mutuelle, un échange par conséquent : tel est le lien logique qui a fait donner le même nom à deux opérations différentes. Rien de plus élémentaire que cette notion : aussi n'insisterai-je pas davantage sur le côté logique et grammatical. Ce qui nous intéresse est de savoir comment sur cette idée de mutualité, réciprocité, échange, justice, substituée à celle d'autorité, communauté ou charité, on en est venu, en politique et en économie politique, à construire un système de rapports qui ne tend à rien de moins qu'à changer de fond en comble l'ordre social.

À quel titre, d'abord, et sous quelle influence l'idée de mutualité s'est-elle emparée des esprits ?

Nous avons vu précédemment comment l'école du Luxembourg entend le rapport de l'homme et du citoyen vis-à-vis de la société et de l'État : suivant elle, ce rapport est de subordination. De là, l'organisation autoritaire et communiste.

À cette conception gouvernementale vient s'opposer celle des partisans de la liberté individuelle, suivant lesquels la société doit être considérée, non comme une hiérarchie de fonctions et de facultés, mais comme un système d'équilibrations entre forces libres, dans lequel chacune est assurée de jouir des mêmes droits à la condition de remplir les mêmes devoirs, d'obtenir les mêmes avantages en échange des mêmes services, système par conséquent essentiellement égalitaire et libéral, qui exclut toute acception de fortunes, de rang et de classes. Or, voici comment raisonnent et concluent ces antiautoritaires ou libéraux.

Ils soutiennent que la nature humaine étant dans l'univers l'expression la plus haute, pour ne pas dire l'incarnation de l'universelle justice, l'homme et le citoyen, tient son droit directement de la dignité de sa nature, de même que plus tard il tiendra son bien-être directement de son travail personnel et du bon usage de ses facultés, sa considération du libre exercice de ses talents et de ses vertus. Ils disent donc que l'État n'est autre chose que la résultante de l'union librement formée entre sujets égaux, indépendants et tous justiciers ; qu'ainsi il ne représente que des libertés et des intérêts groupés ; que tout débat entre le Pouvoir et tel ou tel citoyen se réduit à un débat entre citoyens ; qu'en conséquence il n'y a pas, dans la société, d'autre prérogative que la liberté, d'autre suprématie que celle du droit. L'autorité et la charité, disent-ils, ont fait leur temps ; à leur place, nous voulons la justice.

De ces prémisses, radicalement contraires à celles du Luxembourg, ils concluent à une organisation sur la plus vaste échelle du principe mutuelliste. Service pour service, disent-ils, produit pour produit, prêt pour prêt, assurance pour assurance, crédit pour crédit, caution pour caution, garantie pour garantie, etc. : telle est la loi. C'est l'antique talion, œil pour œil, dent pour dent, vie pour vie, en quelque sorte retourné, transporté du droit criminel et des atroces pratiques de la vendetta dans le droit économique, les œuvres du travail et les bons offices de la libre fraternité. De là toutes les institutions du mutuellisme : assurances mutuelles, crédit mutuel, secours mutuels, enseignement mutuel ; garanties réciproques du débouché, d'échange, de travail, de bonne qualité et de juste prix des marchandises, etc. Voilà ce dont le mutuellisme prétend faire, à l'aide de certaines institutions, un principe d'État, une loi d'État, j'irai jusqu'à dire une sorte de religion d'État, d'une pratique aussi facile aux citoyens qu'elle leur est avantageuse ; qui n'exige ni police, ni répression et ne peut en aucun cas, pour personne, devenir une cause de déception et de ruine.

Ici, le travailleur n'est plus un serf de l'État, englouti dans l'océan communautaire ; c'est l'homme libre ; réellement souverain, agissant sous sa propre initiative et sa responsabilité personnelle, certain d'obtenir de ses produits et services un prix juste, suffisamment rémunérateur, et de rencontrer chez ses concitoyens, pour tous les objets de sa consommation, la loyauté et les garanties les plus parfaites. Pareillement l'État, le Gouvernement n'est plus un souverain ; l'autorité ne fait point ici antithèse à la liberté : État, gouvernement, pouvoir, autorité, etc., sont des expressions servant à désigner sous un autre point de vue la liberté même ; des formules générales, empruntées à l'ancienne langue, par lesquelles on désigne, en certains cas, la somme, l'union, l'identité et la solidarité des intérêts particuliers.

Dès lors, il n'y a plus lieu de se demander, comme dans le système bourgeois ou dans celui du Luxembourg, si l'État, le Gouvernement ou la communauté, doivent dominer l'individu, ou bien lui être subordonnés ; si le prince est plus que le citoyen, ou le citoyen plus que le prince ; si l'autorité prime la liberté, où si elle est sa servante : toutes ces questions sont de purs non-sens. Gouvernement, autorité, État, communauté et corporations, classes, compagnies, cités, familles, citoyens, en deux mots groupes et individus, personnes morales et personnes réelles, tous sont égaux devant la loi, qui seule, tantôt par l'organe de celui-ci, tantôt par le ministère de celui-là, règne, juge et gouverne : Despotes ho nomos.

Qui dit mutualité suppose partage de la terre, division des propriétés, indépendance du travail, séparation des industries, spécialité des fonctions, responsabilité individuelle et collective, selon que le travail est individualisé ou groupé ; réduction au minimum des frais généraux, suppression du parasitisme et de la misère. Qui dit communauté, en revanche, hiérarchie, indivision, dit centralisation, suppose multiplicité des ressorts, complication de machines, subordination des volontés, déperdition de forces, développement de fonctions improductives, accroissement indéfini de frais généraux, par conséquent création du parasitisme et progrès dans la misère.

(De la capacité politique des classes ouvrières, éd. Max-Leroy, p. 124-126.)

ISBN : 978-1514212592

Célestin Bouglé